Umweltprobleme im Unterricht

Umwelt Aktuell Heft 8

Texte der Vortragsreihe zu "Umwelt 72"

Stuttgart, 30. Juni bis 9. Juli 1972

Herausgegeben von den Universitäten

Stuttgart und Hohenheim

Schriftleitung: Dr.rer.nat. J. Hagel

Umweltprobleme im Unterricht

Fortbildungstagung der Erdkundelehrer

Vorträge vom Mittwoch, dem 5. Juli 1972

Leitung: Professor Dr. W. Meckelein

Professor Dr. D. Ottmar

Dr. W.W. Puls

1973

Verlag C.F. Müller, Karlsruhe

ISBN 3-7880-7051-X

Best.-Nr. 127 7051

Gesamtherstellung: C.F. Müller, Großdruckerei
und Verlag GmbH, Karlsruhe

INHALTSVERZEICHNIS

VORWORT

Die Bemühungen, unsere Umwelt in einem gesunden Zustand zu erhalten, können auf die Dauer nur dann Erfolg haben, wenn sie in breiten Kreisen Unterstützung finden. Deshalb ist ein stark ausgeprägtes Umweltbewußtsein in der Bevölkerung heute so wichtig. Dieses Umweltbewußtsein zu entwickeln und zu stärken, muß bereits bei der heranwachsenden Generation beginnen. Im Rahmen der UMWELT 72, die sich gerade an die Bevölkerung wandte und ihr die Vielfalt der Probleme zeigte, durfte deshalb eine Veranstaltung nicht fehlen, in der den Lehrern einiges Rüstzeug für die Behandlung des Themas "Umwelt und Umweltschutz" im Unterricht an die Hand gegeben wird, ja, die Kombination mit einer solchen Ausstellung erschien geradezu ideal, weil in dieser über die Vorträge hinaus vielerlei Anregungen und Material geboten wurden.

Der erste Teil der Fortbildungstagung sollte allgemein in die Problematik einführen und Hinweise für die Behandlung im Unterricht geben; der zweite zielte ergänzend dazu auf eine Erweiterung und Vertiefung der Kenntnisse einmal auf einzelnen Spezialgebieten, zum anderen über einen Beispielraum ab. Sämtliche einschlägigen Themenkreise zu behandeln war nicht möglich, aber auch nicht nötig, weil die Ausstellung UMWELT 72 eine entsprechende Ergänzung bot.

Jürgen Hagel

EINLEITUNG

"Umweltschutz" ist zum Schlagwort unserer Tage geworden. Die Resonanz ist sehr unterschiedlich. Die Skala reicht von den Apokalyptikern, die den Untergang unserer Zivilisation endgültig gekommen sehen, über die Hysteriker, die nur noch den Abfall in der Landschaft sehen, bis zu den Negierern der Umweltverschmutzung, zumindest im eigenen Verhalten. In dieser Lage ist es sicher sehr nötig, zunächst einmal darüber nachzudenken, was Umwelt, Umweltverschmutzung und Landschaftserhaltung eigentlich bedeuten. Nur daraus kann schließlich das Verständnis für die notwendigen Maßnahmen erwachsen.

Der Geographie fällt hier eine wichtige Aufgabe zu, denn die Beziehung Umwelt - Mensch war stets eines ihrer Untersuchungsgebiete. In frühen Zeiten - aber auch heute noch in den Grenzräumen der Ökumene - den Unbilden und meist lebensbedrohenden Gefahren der Naturlandschaft fast wehrlos ausgesetzt, war es eine gewaltige Leistung des Menschen, große Teile der Erde nach seinen Bedürfnissen zu gestalten. Er schuf damit die Kulturlandschaft, Voraussetzung und Nährboden aller weiteren Entwicklung.

Dieser Eingriff in die Natur störte jedoch schon früh allzuleicht das ökologische Gleichgewicht, vor allem durch rücksichtslosen Raubbau an Rohstoffreserven jeder Art. Man denke nur an die Abholzung im Mittelmeergebiet während der Antike, als deren Folge eine - auch als menschlicher Lebensraum - weithin degenerierte Landschaft entstand. Die Problematik ist in der Neuzeit durch einen raschen Bevölkerungsanstieg und - zumindest in den heutigen Industrieländern - außerordentliches Anwachsen des Konsums einschließlich des Trends zur Wegwerfgüter-Produktion gewaltig verschärft worden. Man muß sich vor Augen halten, was allein das immer stärkere und sich beschleunigende Anwachsen der Weltbevölkerung bedeutet. Der Verdoppelungszeitwert lag ab 1700 (0,6 Mrd. Menschen) bei rund 150 Jahren (1850: 1,2 Mrd. Menschen), ab 1900 bereits bei nur noch 50 Jahren (Anstieg der Menschheit zwischen 1900 und 1950 von 1,5 auf 3 Mrd.), und heute beträgt er kaum mehr 35 Jahre! Diese rasante Entwicklung betrifft heute vorwiegend die Nicht-Industrieländer; aber sie wurde nur dadurch ermöglicht, daß zugleich ein Teil der Menschheit inzwischen in einem Zeitalter der Naturwissenschaften, Technik und Industrie lebt, das allein schon etwa durch medizinische und andere Eingriffe (z.B. Seuchenbekämpfung, aber auch Transport von Lebensmitteln in Hungergebiete) die Sterberate weltweit beeinflußt. In den Industrieländern selbst ist einerseits durch die konsequente Anwendung wissenschaftlich-technischer Verfahren auf alle Produktionsbereiche eine gewaltige Steigerung des Lebensstandards eingetreten, die andererseits - durch rücksichtslose Ausnutzung aller natürlichen Reserven und nicht zuletzt auch die sich häufenden Abfall- und Schadstoffe - den Menschen erneut zu gefährden droht. In beiden Fällen ist es das Verhältnis vom Menschen zu seiner Umwelt, das sich grundsätzlich geändert und zu den Störungen geführt hat: Entweder bietet die Landschaft zu wenig Ernährungs- und Arbeitsmöglichkeiten, oder sie ist vom Menschen so übernutzt, daß sie negativ auf ihn rückwirkt.

Eine kurze Analyse der Hauptprobleme, die nicht isoliert betrachtet werden dürfen, sei hier in Anlehnung an die wichtigsten Themen der Stockholmer Umwelt-Konferenz vom Juni d.J. gegeben.

1. Angesichts der sich so rasch und stark vermehrenden Weltbevölkerung sind Unterbringung und Ernährung das erste große Problem. Wird man heute in einer Generation so viele Häuser bauen können wie nie zuvor in der gesamten Menschheitsgeschichte, um nur jedem ein Dach über dem Kopf zu garantieren? Weiterhin bereitet der räumliche Verteilungstrend Sorgen, der zu einer punktuellen Verdichtung in übervölkerte Agrarlandschaften oder städtische Ballungsräume geführt hat. In vielen Gebieten hat dies bereits Schwierigkeiten allein in der Wasserversorgung gebracht, ganz zu schweigen von der Tatsache, daß ein großer Teil der Weltbevölkerung Hunger leidet und wohl auch weiter leiden wird - jedenfalls solange traditionelle Eßgewohnheiten den technischen Möglichkeiten der Verteilung von Überschüssen entgegenstehen.

2. Das zweite große Problem bildet die immer intensivere Nutzung der Naturschätze einschließlich der Pflanzen- und Tierproduktion. Sie ist auf der einen Seite notwendig, allein schon um die Ernährungsbasis zu sichern. Wer könnte heute auf die Intensivierung des Anbaus und der Viehzucht durch immer stärkere Mechanisierung, Einsatz chemischer Mittel und allgemeine Betriebsrationalisierung

verzichten? Auf der anderen Seite steht die Gefahr der Bodenerosion, die wertvolles Kulturland vernichtet, und die einer industriellen Agrarfabrikation, die Naturprodukte verfälscht. In gleicher Weise ermöglicht die Ausnutzung der mineralischen Bodenschätze einerseits den notwendigen materiellen Fortschritt, zugleich aber sind die intensivierte und z.T. überhöhte Produktion sowie der in manchen Fällen auch überhöhte Konsumbedarf die direkte Ursache für grausam zerstörte Raubbaulandschaften.

3. Ein weiteres Hauptproblem bietet die Produktion künstlicher Stoffe, durch die die Industrie dem modernen Menschen das Leben sehr erleichtern half, auch in finanzieller Hinsicht. Wenn damit aber Erzeugnisse entstehen, die unter normalen Verwitterungsbedingungen von der Natur nicht abgebaut werden können, wird dieser technische Fortschritt umso gefährlicher, zumal es sich gerade hier oft um ausgesprochene "Wegwerfprodukte" handelt - man denke nur an den Verpackungsluxus, dessen Spuren in unserer Landschaft unübersehbar sind. Aber auch der sich ständig steigernde Energieverbrauch für Industrie und Transportmittel führt zu einem Schadstoffanfall, vor allem durch Verschmutzung der Atmosphäre in den Verdichtungsräumen der Erde, dessen Auswirkungen noch gar nicht recht erkannt sind.

4. Grundproblem ist das menschliche Umweltverhalten überhaupt, das der neuen Situation (noch?) nicht angepaßt ist. Meistens fehlt es an der Einsicht in das immer komplizierter gewordene Wirkungsgefüge, das die Beziehung Mensch - Landschaft bestimmt. Hier können nur Erziehung, Bildung, ja Schulung im Erkennen der Gefahren und Umdenken hinsichtlich der Landschaftsausnutzung helfen. In Staaten, die über große Raumreserven verfügen, ist gerade das letztere sehr schwierig, da sie zumeist noch "ausweichen" können. Dies dürfte der wichtigste Grund - neben solchen der wirtschaftlichen Konkurrenzfähigkeit - gewesen sein, weshalb z.B. die Sowjetunion und die Entwicklungsländer den Umweltschutz-Richtlinien der Stockholmer Konferenz nicht beitreten wollten. Dabei kann man auf Reisen in diesen Ländern eine, wenn auch mehr regional begrenzte, so doch ganz erhebliche Umweltschädigung feststellen. Hier sei nur auf die Probleme der Verschmutzung des Baikalsees hingewiesen oder auf die - die Gesundheit der Bewohner äußerst bedrohenden - von Abfall überzogenen Zonen, welche die meisten

Agglomerationsräume in den Tropen und Subtropen regelrecht umgürten.

Überblicken wir noch einmal im Zusammenhang die Umweltproblematik, so sind es deutlich biologische, wirtschaftlich-soziale und das menschliche Umweltverhalten betreffende Faktoren, die bestimmend sind. Natürlich spielen auch noch z.B. politische Probleme mit hinein. Es ist aber dringend davor zu warnen, die Umweltfragen in erster Linie ideologisch zu betrachten, wie das heute bei uns gern getan wird. Es führt zu keinem Ergebnis, politisch-gesellschaftliche Systeme verantwortlich zu machen (wie die eben genannten Beispiele aus den verschiedensten Ländern einschließlich der Sowjetunion gezeigt haben). Es nützt m.E. aber auch wenig, von großzügigen neuen Menschheitsmodellen allzuviel zu erwarten. So hat jüngst in der Öffentlichkeit der Bericht des "Club of Rome" einiges Aufsehen erregt, der im Massachusetts Institute of Technology (MIT) eine Computerarbeit über die Zukunft der Menschheit durchführen ließ. Abgesehen davon, daß man über die Richtigkeit der benutzten Prämissen (z.B. weiteres exponentielles Wachstum der Menschheit und nur einmaligen technischen Fortschritt) sehr streiten kann, dürfte das Ergebnis keine reale Lösungsmöglichkeit bieten. Wer könnte in absehbarer Zeit etwa das Zweikindersystem weltweit durchsetzen, wer könnte bei der geforderten Wirtschaftsstagnation die Ernährung der Weltbevölkerung sichern und die notwendigen hohen Mittel zur Beseitigung und Vermeidung der Umweltverschmutzung aufbringen? Die Alternative kann nicht heißen: Wirtschaftswachstum oder Umweltschutz, sondern nur, die Ergebnisse des Wirtschaftswachstums einzusetzen für die Bewältigung der Schäden in der Umwelt des Menschen. Von anderer Seite wird gelegentlich empfohlen, möglichst große Teile unserer Landwirtschaft wieder in "Natur" zurückzuverwandeln. Auch dies ist angesichts des steigenden Raumbedarfs sicher kein realistischer Ausweg. Vielmehr gilt es, die Kulturlandschaft wieder gesund zu machen und vor Schäden zukünftig zu bewahren.

Unter welchen Bedingungen können nun konkret Lösungen des Umweltproblems erreicht werden? Zuerst einmal sind genaue Analysen der offensichtlich schädigenden Faktoren und eine Abwägung der möglichen Effekte bei einzuleitenden Maßnahmen unerläßlich. Ein paar Beispiele sollen das näher erläutern, die um so notwendiger sein dürften, als die Öffentlichkeit nicht gern "unpassende" Tatsachen zur Kenntnis nimmt. Der Kampf gegen den Einsatz des DDT wird weltweit begrüßt. Unterlagen der UNESCO ist jedoch zu entnehmen, daß z.B. in Südjapan nach dem Verbot der erst vor wenigen Jahren eingeführten Verwendung von DDT nun erneut die schon ausgestorbene Malaria grassiert. Auch muß hier auf die Feststellungen der Welternährungsorganisation (FAO) hingewiesen werden. Deren führender Berater, Dr. Norman Borlaug, der 1970 den Nobelpreis für seinen entscheidenden Beitrag zur "grünen Revolution" erhielt, faßte anfangs d.J. in eindrucksvollen Sätzen zusammen, worum es - auch bezüglich des Naturschutzes - heute geht: Es sei wahr, daß durch den Einsatz der Schädlingsbekämpfungsmittel z.B. viele Vögel nicht mehr singen würden; aber Millionen Menschen müßten an Hunger und Krankheiten sterben, wenn man die sog. chlorierten Pestizide total verbieten würde. Übrigens fallen mindestens 20 % der jährlichen Weltgetreideernte ohnedies schon Schädlingen zum Opfer. Man wird also erst das Ergebnis der Suche nach besseren Bekämpfungsmitteln abzuwarten haben, ehe man durch Verbote ein viel größeres Unheil über die Welt bringt.

Andere, ebenfalls sehr gewichtige Probleme bringt eine genauere Analyse der notwendigen Umstellung auf umweltfreundliche Produktionsweisen der Industrie. Hier ist es zunächst der Kostenfaktor, über dessen Ausmaß ein vor wenigen Tagen durch die Industrie- und Handelskammer Stuttgart bekannt gewordenes Umfrageergebnis Auskunft geben kann. Danach gibt die baden-württembergische Industrie seit 1969 jährlich ca. 300 Mio DM für Abwasserreinigung, Abfallbeseitigung, Lärmschutz und Luftreinhaltung aus. In einigen Bereichen sind die tatsächlich entstandenen Kosten bereits doppelt so hoch wie von Experten geschätzt. Danach ist zu erwarten, daß in der BRD nicht wie bisher angenommen 1,8 %, sondern an die 4 % des Bruttosozialprodukts für den Umweltschutz werden aufgewendet werden müssen. Das ist ebensoviel, wie wir mindestens für unser gesamtes Bildungswesen in Zukunft aufbringen müssen! Was das volkswirtschaftlich bedeutet, braucht kaum näher erläutert zu werden. Wohl aber ist auf eine weitere Schwierigkeit für die Volkswirtschaft verschiedenster Länder hinzuweisen. Die sehr unterschiedliche Belastung mit "Umweltkosten" führt zu einer Verschiebung der wirtschaftlichen Wettbewerbsfähigkeit, die ihrerseits auf das Wirtschaftswachstum drückt, mit allen negativen Folgewirkungen auf die gesamte Bevölkerung der betroffenen Länder. Hier ein internationales Gleichgewicht herzustellen, wird lange Zeit eine große Aufgabe bleiben.

Die beängstigenden Kosten für Erhaltung der Gesundheit von Mensch und Landschaft können jedoch in dem Maße abgebaut und entsprechend leichter überhaupt aufgebracht werden, in dem man dem Prinzip "Vorbeugen ist besser als heilen" folgt. Dies erfordert allerdings ein Denken und Handeln in ganz neuen Perspektiven. Die Landschaft ist nicht mehr als unerschöpflicher natürlicher Verbrauchsgegenstand anzusehen, sondern als ein Gut, das ständiger Pflege bedarf. Zu einer solchen Behandlung ist die Entwicklung von "Gegentechnologien" nötig, die Schädigungen ausschließen. Das bisherige Denkschema z.B. über bestimmende Faktoren für die industrielle Standortwahl wird ergänzt werden müssen. Wir werden in der Wirtschaftsgeographie in Zukunft nicht nur von Rohstoff-, Verkehrs- und Arbeitskraftgrundlagen zu reden haben, sondern etwa auch von dem Faktor Umweltfreundlichkeit! Die Amerikaner haben hierfür bereits interessante Berechnungen durchgeführt, die folgendes ergeben haben: Einige Industrien werden Einbußen erleiden, andere werden auf die Dauer sogar wirtschaftlich größere Effektivität erreichen; insgesamt betrachtet, sind in jedem Falle nur positive Ergebnisse zu erwarten, zumal die heute in die Hunderte von Millionen gehenden Ausgaben zur Schadensbeseitigung rein volkswirtschaftlich dann nicht mehr auf der Ausgabenseite abzubuchen sind.

Die hier aufgestellten Forderungen zur Lösung des Umweltproblems mit konkreten Maßnahmen aufgrund genauer Analysen, internationaler Abstimmung sowie Landschaftsschutz durch Gegentechnologien und umweltfreundliche Wirtschaftspolitik sind keine unerreichbare Utopie. Dies zeigen die Konferenzen auf internationaler Ebene ebenso wie die staatlichen Maßnahmen z.B. der BRD mit den entsprechenden Umweltschutzberichten und -gesetzen. Auch die Bundesländer sind hier tätig geworden; Baden-Württemberg legte im vorigen Jahr einen umfassenden Bericht vor, der eine lesenswerte Grundlage über die bei uns notwendigen Maßnahmen darstellt. Vor allem aber sind - mehr im Stillen - seit Jahren Forschungsarbeiten im Gange. Sie werden im internationalen Rahmen zumeist von der UNESCO initiiert, in der Bundesrepublik staatlicherseits durch das Bundesministerium für Bildung und Wissenschaft und vor allem durch die Deutsche Forschungsgemeinschaft gefördert, die vor kurzem ein umfangreiches Heft "Umweltforschung. Aufgaben und Aktivitäten der DFG 1950 - 1970" vorgelegt hat. Vom Kultusministerium Baden-Württembergs ist im Herbst 1971 eine Arbeitsgruppe für Umweltschutz konstituiert worden, die das Potential der Landeshochschulen stärker nutzbar machen soll. Daneben steht in allen Ländern die industrieeigene Forschung, die heute sehr mit solchen Fragen beschäftigt ist und bereits mehr als einen Erfolg verbuchen kann. Im übrigen sollte auch unsere Wissenschaft, die Geographie, hier gezielter als bisher einen Beitrag leisten, da sie vor allem die Landschaftsprobleme synthetisch behandeln und damit vielleicht am besten die Zusammenhänge dieses komplizierten Geflechts von Ursache, Wirkung und Rückwirkung deutlich machen kann.

Gerade um das geht es ja auch bei dieser Tagung, deren Hauptzweck es ist, die Einführung der Umweltproblematik in die Schulen zu erleichtern. In die neuen Lehrpläne der Klasse 11 ist das Thema Mensch - Umwelt bereits aufgenommen. Welcher Ort wäre wohl auch geeigneter, eine andere Haltung gegenüber der Umwelt zu erzeugen, als die Schule. Hier wächst die junge Generation heran, die noch prägsam ist, aufgeschlossen für neues Denken. Und vergessen wir auch nicht, von Anfang an deutlich zu machen: Der Umweltschutz fängt bei jedem Einzelnen an! Es ist sehr leicht und allzu billig, die Anklage ständig an anonyme Adressaten zu richten und den Staat, die Wirtschaft, die Industrie usw. für alles verantwortlich zu machen. Läßt sich doch nachweisen, daß z.B. der Löwenanteil der generellen Luftverschmutzung nicht auf das Konto der Industrie geht, sondern auf die Hausbrandanlagen, die Bequemlichkeit der Ölheizung, auf die Abgase der Millionen von Autos, auf deren Benutzung schon aus Gründen des Sozialprestiges bei uns niemand verzichten will. Mit dem eigenen Sich-Verhalten gegenüber der Umwelt beginnt die Lösung der Probleme. Schon bei Schulausflügen kann man da gut anfangen! Möge diese Tagung dazu beitragen, die lebenswichtige gesellschaftliche Aufgabe "Umweltschutz" bewältigen zu helfen.

Staatssekretär Prof.Dr. W. Meckelein

UMWELTFORSCHUNG IN DER GEOGRAPHIE

von Dr.rer.nat. Jürgen Hagel
Geographisches Institut der Universität Stuttgart (TH)

In einer Zeit, in der immer wieder in so starkem Ausmaß in den Naturhaushalt eingegriffen wird, daß der Lebensraum des Menschen ernsthaft gefährdet ist, muß sich jede Wissenschaft fragen, welchen Beitrag sie zur Erhaltung dieses Lebensraumes leisten kann. Für die Geographie ergeben sich dabei zwei Aspekte: 1. die Frage nach den Aufgaben in der wissenschaftlichen Forschung; 2. die Überlegung, was die Geographie in der Schule auf diesem Gebiet zu leisten hat. Beide Fragenkreise können sich, müssen sich aber nicht notwendigerweise decken. Im folgenden seien einige Gedanken umrissen, die sich auf beide Aspekte beziehen, und durch Beispiele erläutert, die Anregungen für den Unterricht geben mögen.

Historischer Rückblick

Wie viele andere Wissenschaften hat sich auch die Geographie schon seit langem mit Fragen der Umwelt beschäftigt, oder anders ausgedrückt: Schon seit jeher sind Teile der Umwelt Objekte der Geographie gewesen. Als eine der ältesten Darstellungen über die Folgen von Eingriffen des Menschen in den Naturhaushalt sei hier Alexander von Humboldts Bericht über den Valencia-See in Venezuela erwähnt. Humboldt zeigte darin, wie die Rodung der Wälder im Einzugsgebiet dieses Sees eine Veränderung des Wasserhaushalts bewirkte, und er führte das Sinken des Seespiegels auf diese Veränderungen zurück. Seither sind immer wieder derartige Teilfragen aufgegriffen worden; F. Tichy hat 1960 einen Überblick über derartige Forschungen des 19. Jahrhunderts gegeben. Als erste geographische Zusammenfassung kann das Werk "Der Mensch als Gestalter der Erde" von E. Fels gelten, das bereits 1935 erschienen und inzwischen (mit etwas verändertem Titel) in neueren Ausgaben herausgekommen ist. Etwa um dieselbe Zeit - im Jahre 1938 - hat C. Troll den Begriff Landschaftsökologie in die Geographie eingeführt, der heute einen wichtigen Zweig der Umweltforschung beinhaltet. Schließlich sei das 1956 von W.L. Thomas herausgegebene Sammelwerk "Man's Role in Changing the Face of the Earth" genannt. Die Geographie besitzt also auf dem Gebiet der Umweltforschung bereits eine langjährige Tradition.

Trotzdem scheint heute der Eindruck verbreitet zu sein, daß die vorhandene geographische Literatur - von wenigen Beiträgen abgesehen - für die fachbezogene Diskussion und insbesondere für den Schulunterricht nicht genug hergibt. Das mag einmal darauf zurückzuführen sein, daß eine umfassende neuere Darstellung, die auch die heute besonders stark diskutierten Problemkreise einschließt, noch fehlt. Sicherlich rührt der Eindruck aber auch mit daher, daß in der breiten öffentlichen Diskussion besonders technische Fragen herausgestellt worden sind, als seien sie allein die Schlüssel der Probleme, obwohl wir wissen, daß der Umweltschutz mit neuen Technologien allein nicht zu bewältigen ist. Tatsächlich fällt es schwer, mit Begriffen wie Müll, Abwasser usw. unmittelbar geographische Fragestellungen zu verbinden. Wenn wir aber jeden Eingriff in den Naturhaushalt ebenso wie strukturpolitische Maßnahmen als eine Veränderung des Kräftegefüges und damit als eine Veränderung der raumbezogenen Prozesse und räumlichen Strukturen auffassen - und das ist eigentlich logisch -, haben wir unmittelbar geographische Themenkreise vor uns.

Zum Begriff "Umwelt"

Je nach dem Ausgangspunkt der Betrachtung hat der Begriff "Umwelt" einen anderen Inhalt; denn es stellt sich die Umwelt eines Individuums anders dar als die einer Gruppe oder gar die einer noch größeren Einheit (vgl. E. Winkler 1970 sowie J. und G. Haase 1971, S. 250 ff.). Wesentlich ist, daß die Umwelt alle Lebensansprüche befriedigen oder - anders ausgedrückt - die Möglichkeit für die Erfüllung aller Daseinsgrundfunktionen bieten muß. Diese liegen jedoch in ganz verschiedenen Bereichen: Beschaffung von Nahrung und Rohstoffen aus der Natur, Leben in der Stadt, Arbeiten in der Fabrik oder im Büro, Lernen in Schulen, religiöse Betätigung, Teilnahme am Sport, Erholung in der Natur usw. Das bedeutet, daß sich die Gesamt-Umwelt aus mehreren Teil-Umwelten zusammensetzt. In Anlehnung an J. und G. Haase (1971, S. 255 und 257) lassen sich vier Hauptbereiche herausstellen:

1. die natürliche Umwelt, die zugleich die Plattform für alle anderen bietet,

2. die technisch-gestaltete Umwelt,
3. die sozialökonomische Umwelt,
4. die kulturelle Umwelt.

Diese stehen miteinander in Wechselbeziehung; denn die in Natur, Gesellschaft und Wirtschaft wirksamen Kräfte sind eng miteinander verflochten. Die Veränderung allein einer Kraft muß zugleich auch andere Kräfte beeinflussen. Ein einziger Eingriff kann damit eine Kette von Folgewirkungen nach sich ziehen und sich sogar durch Fernwirkungen in Räumen weitab des Eingriffs bemerkbar machen.
Einige Beispiele mögen das erläutern:
In der Zeit des Merkantilismus, als man um die Förderung des Staatswohlstandes bemüht war, hoffte man, durch eine Senkung des Wasserspiegels des flachen Federsees fruchtbares Land zu gewinnen. Die geistige Einstellung der damaligen Zeit müssen wir dabei als die treibende Kraft ansehen. Unter ihrem Einfluß griff man in den Haushalt des Sees ein. Man ahnte nicht, was man anrichtete. Denn durch die Senkung des Wasserspiegels wurde eine Sackung der Mudde- und Torfschichten ausgelöst, wie sie auch aus entwässerten Marschgebieten bekannt ist, mit dem Ergebnis, daß die Überschwemmungen der Wiesen zunahmen. Das löste bei den betroffenen Landwirten den Wunsch nach einer Abflußbeschleunigung aus, was weitere Absenkung des Sees und Sackung des Bodens bedeuten und zu einer Verschärfung der Extreme von Vernässung und Trockenheit führen würde (vgl. KH. Göttlich 1971 und O. Klee 1971).
Als ein Beispiel für eine Fernwirkung seien die Folgen der Luftverunreinigung durch Schwefeldioxid herausgegriffen (dargestellt nach B. Ottar, 1972, und G. Rönicke, 1969). Bei einem Hoch über Mitteleuropa mit schwachem Wind und mit einer Boden-Inversion werden im untersten Teil der Atmosphäre Luftverunreinigungen angereichert. Mit der Ostwärtswanderung des Hochs wandern diese Partikel über die Nordsee nach Skandinavien. Bei entsprechenden Wetterlagen werden Emissionen auch aus England oder Osteuropa nach Skandinavien verfrachtet. Dort gelangen sie mit Niederschlägen auf die Erde. Die SO_2-Moleküle, die als Kondensationskerne dienen, reagieren mit dem Wasser und werden in Form von Schwefelsäure ausgewaschen. Dadurch wird der Säuregrad (pH-Wert) der Niederschläge verändert. Mit der Zunahme der SO_2-Emission infolge der wachsenden Energieerzeugung ist diese Abweichung des Säuregrades im Laufe der letzten Jahre ständig gestiegen. Wurden in den Niederlanden

1958 noch pH-Werte um 5 gemessen, so lagen sie 1962 bereits unter 4. In Skandinavien wurden in den letzten Jahren bei einzelnen Niederschlägen sogar pH-Werte von 3,3 bis 3,7 gemessen. Damit hat sich allmählich auch der Säuregrad der schwedischen Seen und Flüsse verändert. So ist für den Vänersee für die Zeit von Anfang 196 bis Frühjahr 1967 im Oberflächenwasser ein Trend von pH 7,3 auf 6,9 festgestellt worden (G. Rönicke, Abb. 11), der sich seither weiter forgesetzt hat. Dabei können je nach Wetterlagen und Jahreszeit erhebliche Schwankungen auftreten. Schädigungen des Fischbestandes sind die Folge. So kann sich der Lachs bei pH 5,0, die Forelle bei pH 4,7 nicht mehr vermehren, weil die Eier säureempfindlich sind. Auch die Pflanzen auf dem Lande werden durch Schwefelsäure und Schwefeldioxid geschädigt (vgl. W. Bach 1968). Außerdem wird befürchtet, daß durch die sauren Niederschläge der Calciumgehalt des Bodens verringert und damit der Zuwachs der Wälder vermindert wird. Die Ursache hierfür liegt zu einem beträchtlichen Teil in der wachsenden SO_2-Emission weit entfernter Gebiete; denn 50 % des in Schweden sich absetzenden Schwefels stammen aus anderen Ländern (Zeitschrift Ambio, Bd. 1, Nr. 1, 1972, S. 16).
Ähnliches gilt für die Anreicherung des Phosphats im Bodensee. Mit der Zunahme der Spül- und Waschmaschinen, mit der industriellen Entwicklung und mit der Intensivierung der Düngung hat sich der Phosphatgehalt dieses Sees von Anfang der 50er Jahre bis 1970 nahezu verzwanzigfacht und damit zu einer Eutrophierung geführt. Auch hier liegt eine Fernwirkung vor, weil die Phosphate großenteils in ganz anderen Gebieten verwendet werden und von dort erst über Abwasser und Vorfluter in den See gelangen.
Ein komplexeres Wirkungsgeflecht hat der Verf. am Beispiel des Nil-Staudamms dargestellt (Hagel 1972).

Aus den Überlegungen über die Wechselbeziehungen zwischen Natur, Gesellschaft und Wirtschaft ergibt sich, daß eine Umweltforschung in der Geographie nicht auf die Geoökologie, so wichtig sie auch für sich allein ist, beschränkt bleiben kann. Wir müssen vielmehr auch gesellschaftlich bedingte Faktoren wie Verdichtung, Tradition, Lebensstandard und Lebensweise berücksichtigen und zudem immer wieder eine Verknüpfung suchen, d.h. das Wechselspiel zwischen Gesellschaft und Natur im Auge behalten. Man könnte eine solche Betrachtung als Soziogeoökologie bezeichnen.

Sozialgeographische Gruppen und Umwelt

Wir wissen heute, daß sich verschiedene sozialgeographische Gruppen unterschiedlich verhalten und damit den Raum in unterschiedlicher Weise gestalten. Anschaulich hat das E. Wirth (1965, 1966) an Beispielen aus der syrisch-libanesischen Levante gezeigt. Dort leben drei Bevölkerungsgruppen nebeneinander:

1. Die christlichen Maroniten, die sich durch ihre Verbindungen zur westlichen Welt, bessere Schulbildung und weniger soziale Tabus herausheben. Ihre intensiv genutzte Flur ist durch neu angelegte Terrassenkulturen und den Anbau hochwertiger amerikanischer Apfelsorten gekennzeichnet. Die Siedlungen haben mehrstöckige, in freundlichen Farben getünchte Häuser mit Ziegeldach; Wochenendhäuser und Ferienwohnungen sind verbreitet, und der Fremdenverkehr hat sich am kräftigsten entwickelt, weil keine Tabus bezüglich der Beherberung von Fremden bestehen (H. Lechleitner 1972). Fortschrittlichkeit und Wohlhabenheit sind deutlich erkennbar. Es wird vorwiegend für den Markt produziert.

2. Die schiitischen Metoualis, bei denen in der Flur baumlose, verunkrautete und wenig gepflegte Getreide- und Brachfelder überwiegen. Schadhafte Terrassenmauern werden meist nur behelfsmäßig repariert, und die traditionellen Flachdachhäuser wirken oft erneuerungsbedürftig. Es wird vornehmlich für die Selbstversorgung produziert.

3. Die Drusen. Hier bedecken Lesesteinhaufen oft eine größere Fläche als das dazwischen liegende Saatland. Landwirtschaftliche Techniken und Geräte sind altertümlich, die traditionellen Flachdachhäuser jedoch sauber.

Das Beispiel zeigt deutliche Unterschiede im Wirtschaftsgeist oder - anders ausgedrückt - bei der einen Gruppe eine fortschrittliche, bei den anderen eine traditionelle Grundhaltung auf. Alle Gruppen haben auch eine unterschiedliche Innovationsbereitschaft (E. Wirth). Zugleich werden unterschiedliche Wertungen deutlich. Dies alles führt zu räumlich verschiedenen Verhaltensmustern und damit zu Unterschieden nicht nur in der Kulturlandschaft, sondern auch in der Bewertung und Veränderung der natürlichen Umwelt. Die geschilderten Unterschiede in der Art und Weise der Landnutzung ziehen doch Unterschiede in der Bodenabtragung, im Mikroklima und

im Wasserhaushalt des Bodens nach sich. Bei den Maroniten werden die modernen Apfelhalbstammkulturen (nach einer brieflichen Mitteilung von E. Wirth an den Verfasser) in üblicher Weise mit Schädlingsbekämpfungsmitteln gespritzt, wogegen in den traditionelleren Baumhainen der Drusen wegen stärkerer Sortenmischung ein günstigeres ökologisches Gleichgewicht besteht und eine Schädlingsbekämpfung nicht erforderlich ist. Damit ergibt sich eine unterschiedliche Beeinträchtigung der natürlichen Umwelt. Quantitative Angaben liegen allerdings nicht vor.
Selbstverständlich müssen auch Staaten als derartige Gruppen oder Einheiten angesehen werden, können sie doch durch stark voneinander abweichende Gesetzgebung oder Gesellschaftsstruktur in ihrer umweltverändernden Tätigkeit unterschiedliche Aktivität entfalten Es genügt hier der Hinweis auf Israel und seine Nachbarländer ode auf die unterschiedliche Auffassung bezüglich der Umweltbelastung in Industrienationen und Entwicklungsländern.
Daß hierbei auch der Lebensstandard und die Lebensweise nicht übergangen werden können, mögen die Zahlen über den Anfall von Hausmüll belegen, der um 1965 in der BRD in Städten von 10.000 bi 20.000 Einwohnern rund 0,58 m^3/E, in Großstädten über 1 Million Einwohner dagegen rund 0,93 m^3/E betrug (Kampschulte 1966, zitier nach G. Olschowy u.a. 1969, S. 52). Ähnlich groß ist der Unterschied zwischen den Müllmengen der von Deutschen und der von Amerikanern bewohnten Viertel Frankfurts (Reimer 1971, S. 69), und er wird noch stärker, wenn wir nicht die beiden Gruppen an einem Ort, sondern ihre Heimatländer gegenüberstellen: Nach den Angaben von W. Kumpf (siehe Band "Reinhaltung der Luft" in dieser Reihe) sind um 1970 in der BRD etwa 180, in den USA dagegen rd. 680 kg Hausmüll je Einwohner und Jahr angefallen; für 1980 werden in der BRD 300 - 500, in den USA 1150 kg je Einwohner erwartet. Ebenso bestehen beim Wasserverbrauch Unterschiede je nach Gemeindegröße und nach Wohngebäudetypen. Der Deutsche Verein von Gas- und Wasserfachmännern nennt in seinem Merkblatt W 410 nachfolgende Wasserbedarfszahlen.
Da das Wasser in Kürze zum Minimumfaktor werden wird, sind hieran gesellschaftspolitische Überlegungen anzuknüpfen.
Diese Befunde führen uns aber auch zu der Frage nach den Zusammenhängen zwischen Sozial-, Wirtschafts- und Agrarstruktur einerseits und Belastungen der natürlichen Umwelt andererseits und

Haushaltsbedarf*

Gemeinden unter	2.000 E	65	l/E Tag
Gemeinden von	2.000 bis unter 10.000 E	80	"
Gemeinden von	10.000 bis unter 50.000 E	95	"
Gemeinden von	50.000 bis unter 200.000 E	105	"
Gemeinden über	200.000 E	120	"

Jahresdurchschnittsbedarf nach Wohngebäudetypen

Ein- oder Mehrfamilienhäuser (ohne Einzel-WC, Badewanne)	60 - 80	l/E Tag
Einfamilien-Reihenhäuser (mit WC, Badewanne)	80 - 100	"
Einfamilien-Einzelhäuser (mit WC, Badewanne)	100 - 120	"
Mehrfamilienhäuser (mit WC, Badewanne)	100 - 120	"
Einfamilien-Einzelhäuser bzw. Komfortwohnungen (mit sanitärer Höchstausstattung)	200 - 400	"

* einschl. Kleingewerbe, ohne öffentlichen Bedarf

nach den Veränderungen der Umweltfaktoren durch Wandel dieser Strukturen. Auch hierzu ein Beispiel: Nach dem Umweltschutzbericht der Landesregierung von Baden-Württemberg (S. 31) lagen 1965 in Baden-Württemberg 16.477 ha, 1970 dagegen 31.350 ha brach (Spekulation, Sozialbrache, Flurzersplitterung, Grenzertragsböden). Im Jahre 1970 galten weitere 110.000 ha als Grenzertragsböden, und es wird damit gerechnet, daß sich diese Fläche - eben wegen einer Veränderung der Bewertung aufgrund struktureller Änderungen - in den nächsten Jahren verdoppeln wird. Im ganzen Bundesgebiet dürften es nach K. Buchwald (1968, S. 53) etwa 850.000 ha sein, die bereits brach liegen oder demnächst aus der landwirtschaftlichen Nutzung ausscheiden werden. Doch auch von den guten Böden werden beträchtliche Flächen anderen Nutzungen zugeführt werden. Nach dem Raumordnungsbericht 1970 der Bundesregierung (S. 17) wird für die Zeit von 1969 bis 1980 für Siedlungszwecke ein Flächenbedarf von 290.000 ha, für Straßen-, Wege- und Flugplatzbau ein solcher von 131.000 ha erwartet. Was bedeutet das alles für die Umwelt? Durch die Bebauung werden der Abfluß des Niederschlagswassers beschleunigt und die Erwärmung verstärkt; beides zieht weitere Folgeerscheinungen nach sich. Die Grenzertragsböden werden vielfach mit

Nadelhölzern aufgeforstet. Dadurch wird die Verdunstung erheblich vergrößert, die Grundwasserneubildung also herabgesetzt (vgl. H. M. Brechtel 1971 b, Abb. S. 1156). Auch wird im Wald weniger Schneeschmelzwasser als im Freiland freigesetzt und damit die Hochwasserspitze gemildert. So errechnete H.M. Brechtel (1971 a) für ein Untersuchungsgebiet im Vogelsberg, daß dort während eines Tauwetters vom 21. bis 23.2.1970 ohne Waldbedeckung ca. 11,3, bei voller Bedeckung mit Buche ca. 9,4 und bei voller Bewaldung mit Fichte ca. 4,9 Millionen Kubikmeter Schneeschmelzwasser angefallen wären. Es ergibt sich damit die Frage, inwieweit die Aufforstung größerer Flächen von Grenzertragsböden letzten Endes die Wasserführung der Flüsse und damit deren Belastbarkeit verändert. Schließlich wird der Wald nicht, zumindest nicht so intensiv wie die landwirtschaftliche Nutzfläche gedüngt, so daß die Zuführung von Düngemitteln infolge Abspülung in die Vorfluter verringert wird.

Es ließen sich noch weitere Zusammenhänge darlegen, doch mögen diese Angaben genügen, um zu zeigen, daß sich Strukturwandlungen auf den Naturhaushalt auswirken.

Historische Soziogeoökologie

Seit der Neolithischen Revolution hat der Mensch vielfältig in seine natürliche Umwelt eingegriffen. Nicht selten hat er dabei ungewollt Prozesse ausgelöst, die für ihn selbst nachteilige Folgen bewirkten oder gar zur Zerstörung der Landschaft führten, weil er Naturgesetzlichkeiten entweder nicht gekannt oder sie falsch eingeschätzt oder ignoriert hat. So hat es nach E. Wirth (1962, S. 98) in Mesopotamien bereits um 2400 - 1700 v.Chr. eine erste, um 1300 - 900 v.Chr. eine zweite und ab 1100 n.Chr. eine dritte Periode der Bodenversalzung gegeben, die möglicherweise zur Verlagerung der kulturellen Zentren geführt haben (vgl. die Ausführungen von K. Kreeb, im Band "Umwelthygiene, Landesplanung und Landschaftsschutz" in dieser Reihe). Diese und andere Eingriffe des Menschen waren in Zeit und Raum, d.h. in Abhängigkeit von der Kulturstufe und den Umweltbedingungen in Richtung und Stärke verschieden. Hier bietet sich für die Geographie ein interessantes Aufgabenfeld: Unter welchen Bedingungen hinsichtlich Raum und Gesellschaftsstruktur wurde in welcher Weise in den Naturhaushalt - sei es direkt oder indirekt - eingegriffen, welche

Prozesse wurden dadurch ausgelöst und welche Folgen haben sich gezeigt? Das Studium der Vergangenheit steht hier anstelle eines Experiments, das uns die Kenntnis von Prozessen, wie sie sich auch heute abspielen, vermitteln soll, und dank der Kenntnis solcher Prozesse können wir bei heutigen Eingriffen schwerwiegende Fehler zwar nicht ausschließen, aber doch zu einem erheblichen Teil vermeiden.

Um zu verdeutlichen, was gemeint ist, sei als Beispiel die Entstehung der Heide genannt, wie sie O.F. Timmermann (1971) dargestellt hat. Der Begriff "Heide" hat nach Timmermann seine Wurzel im bäuerlichen Rechts- und Wirtschaftsleben, d.h., die Ausbreitung der Heide im nordwestlichen Mitteleuropa ist eine Folge der frühzeitlich-mittelalterlichen Agrarverfassung. Merkmal der Heide war früher nicht eine bestimmte Pflanzengesellschaft, sondern ihre Funktion innerhalb der Gemarkung. Durch diese unterschied sie sich deutlich vom offenen Feld einerseits und vom Wald andererseits. Einmal war sie Versammlungsplatz der Gemeinschaft; daher leitet sich z.B. der Ortsname Heide in Holstein ab. Zum anderen diente sie als gemeinsames Nutzland für vielerlei Zwecke: Sie war Holzlieferant und Weide, lieferte Nahrung und Futter (Wildgemüse und -früchte, Knollen, Gewürze, Heu, Laubstreu, Honig), medizinische und technische Stoffe (Extrakte, Färb- und Gerbstoffe, Fasern), Erddung und -streu (Mergel, Plaggen) sowie Baumaterialien (Lehm, Sand, Kies) u.a.m. Allein der Plaggenhieb, bei dem mit der Hacke viereckige Stücke aus dem Oberboden herausgeschlagen wurden, um als Streu zu dienen, stellte einen erheblichen Eingriff in den Naturhaushalt dar. Hinzu kam, daß die Heide etwa alle 8 - 10 Jahre abgebrannt wurde, um zur Verbesserung der Vieh- und Bienenweide das alte Heidekraut zu beseitigen und frisches Grün wachsen zu lassen (C. Schott 1956, S. 93). Die aufkommenden jungen Bäume wurden zudem durch Viehverbiß und Viehtritt geschädigt oder vernichtet. Dieser ständig wiederholte, gleich gerichtete Eingriff hat aus dem ursprünglich vorhanden gewesenen Wald die Heide hervorgehen lassen und sie erhalten. Eine Veränderung auch des Bodens war die Folge: Aus dem ursprünglichen braunen Waldboden (Braunerde) entstand ein Podsolboden mit steinharter Ortsteinschicht (vgl. W. Lötschert 1961). Mit der Agrarrevolution und der zunehmenden Verdrängung der Naturstoffe durch Kunstprodukte (Arzneimittel, Gerbstoffe, Düngemittel usw.) hat die Heide ihre alte Funktion verloren. Sie wurde daher umgebrochen oder aufgeforstet, und wo man sie sich selbst überläßt, breiten sich bald Birke, Vogelbeere, Eiche und Kiefer aus, und die Heide geht allmählich in Wald über, wie man es in der Lüneburger Heide erkennen kann, wobei sich der Boden jedoch ganz erheblich langsamer verändert als die Vegetation. Wir haben gerade in der Heide ein anschauliches Beispiel dafür, wie Veränderungen der Agrarstruktur Veränderungen im Naturhaushalt nach sich ziehen.

Zur Frage der Belastbarkeit

Ein weiterer Fragenkreis, an dessen Bearbeitung Geographen mitzuarbeiten berufen sind, ist jener, bei dem es um die Bestimmung der Belastbarkeit einzelner Räume geht. Der Grundgedanke ist, daß nicht nur die Versorgung der Bevölkerung mit den notwendigen Nahrungsmitteln, Rohstoffen, Erholungsmöglichkeiten usw. sichergestellt sein muß, sondern daß andererseits auch der Naturhaushalt nicht derart beansprucht wird, daß es zu einer Verschlechterung der Lebensbedingungen kommt. K. Buchwald und H. Langer (1969, S. 43) bezeichnen "die Erfassung der Naturausstattung von Landschaften, d.h. ihrer Elemente bzw. Faktoren und der daraus resultierenden ökologischen Wirkungsgefüge" als eine der vordringlichsten Forschungsaufgaben.
Hier stehen wir in der Tat vor einem riesenhaften Problem, müssen doch für jede Einzelkomponente Schwellen- und Grenzwerte der Belastbarkeit ermittelt und mit der gegenwärtigen Belastung verglichen werden, weil je nach der örtlichen Faktorenkombination andere Elemente zu Minimumsfaktoren werden. Dazu fehlen bisher aber weitgehend noch die Grundlagen (vgl. die Ausführungen in den anderen Bänden dieser Reihe). Überdies wird die Arbeit dadurch erschwert, daß wir die Auswirkungen von Wandlungen der Sozial- und Wirtschaftsstruktur auf den Naturhaushalt bisher kaum quantitativ erfassen können und daß jeder Raum durch ein vielfältiges Wirkungsgefüge bis hin zu Fernwirkungen globalen Ausmaßes mit anderen Räumen verbunden ist.

Komplexe Betrachtungsweise

Die bisherigen Ausführungen haben gezeigt, daß die Aufgaben der

Umweltforschung nur in einer komplexen oder synthetischen Betrachtungsweise zu lösen sind. Die monokausale Behandlung der Themen, wie sie in der Tagespresse hervortritt, wird den Problemen angesichts der Vielfalt der Verflechtungen nicht gerecht. Es muß daher auch im Unterricht die Hinführung der Schüler zur komplexen Betrachtungsweise noch stärker als bisher angestrebt werden, eine zweifellos sehr schwierige Aufgabe.
Das gleichzeitige Nebeneinander vieler Kräfte und die Vielfalt der Verflechtungen lassen sich durch das Wort, das nur eine Wiedergabe im Nacheinander erlaubt, leider nur schlecht darstellen. Bild und Karte können hier nur z.T. weiterhelfen. Dagegen könnten Schemata ein brauchbares Hilfsmittel sein (vgl. J. Hagel 1972, Abb. 2 + 3).
Es gibt einige regionale Beispiele, an denen sich das Wirkungsgeflecht gut darstellen läßt. Der Verfasser hat an anderer Stelle (J. Hagel 1972) das des Assuan-Staudammes beschrieben. Hier sei das Wolga-Kaspi-Problem herausgegriffen:
Beginnend im Jahre 1933, hat die Sowjetunion das Wolga-Kama-System in eine Kette von Stauseen verwandelt, um in den zugehörigen Kraftwerken große Mengen von Energie zu gewinnen, eine gute Verkehrsmöglichkeit (auch für größere Schiffe) zu schaffen, die stark schwankende Wasserführung auszugleichen und Wasser für Bewässerungszwecke zu erhalten (vgl. K.H. Salzmann 1959 und E. Heyn 1961). Durch die mit dieser Aufstauung verbundene Vergrößerung der Wasserfläche wurde die Verdunstung stark erhöht; S.L. Wendrow und S.J. Geller (1966) geben an, daß das Wolgasystem dadurch 5 % der Wassermenge, die sie ins Kaspische Meer führt, verliert. Im Rahmen eines anderen Großprojekts sind 1954-55 Millionen von Hektar Steppe im Wolgaland und in Kasachstan neu umgebrochen worden (vgl. A. Karger 1958). Dahinter steckten mehrere Absichten:
1. eine politische, weil mit der raschen Ausweitung der Anbaufläche ein rascherer Erfolg als durch Intensivierung in den bereits genutzten, aber risikoärmeren Gebieten zu erzielen war, 2. eine wirtschaftspolitische, weil damit die teilweise Umstellung von Getreide- auf Maisanbau in der Ukraine ermöglicht wurde, und 3. eine ideologische, nämlich Stadtbevölkerung aufs Land zu bringen, die Grenzen zwischen Stadt und Land, zwischen Fabrik und Feld zu mildern (R. Geipel 1961). Das Ergebnis des Umbrechens der Steppe

ist, daß nicht nur die alljährlichen Staubstürme, sondern auch die gelegentlich auftretenden Starkregen Tausende, ja Millionen von Tonnen des Oberbodens wegführen. Zur Bewässerung ausgedehnter Gebiete, insbesondere für den Bereich zwischen den Unterläufen von Wolga und Ural, wird der Wolga bis zum Ende des Jahrhunderts eine große Menge Wasser entzogen werden. S.L. Wendrow und S.J. Geller (1969) geben auch hierfür 5 % der Wasserführung an. Die Industrialisierung und die Siedlungsverdichtung, die durch Ausbau der Wolga stark gefördert worden sind, führen einmal zu einer Verschmutzung des Flusses, zum anderen aber auch zu einer wachsenden Entnahme von Trink- und Gebrauchswasser, die bis zum Jahre 2000 nach Wendrow und Geller etwa 10 - 12 % der Wassermenge der Wolga erreichen wird. Damit verliert die Wolga bis zum Jahre 2000 insgesamt etwa 20 % ihres Wassers, das sind 50 km^3 im Jahr, d.h. ein Siebtel der gesamten Süßwasserzufuhr des Kaspischen Meeres (350 km^3). Damit muß der Wasserspiegel des Kaspischen Meeres sinken, da eine Verbindung zum Weltmeer fehlt und infolgedessen kein Ausgleich erfolgen kann. Seit 1929 ist der Wasserspiegel bis 1962 um 2,65 m zurückgegangen (Wendrow u. Geller 1969). Zweifellos spielen dabei klimatische Faktoren eine wichtige Rolle (vgl. E. Ehlers 1971), doch ist der Einfluß des Menschen nicht mehr zu übersehen. Hinzu kommt, daß die Wolga durch die Aufstauung zur Sedimentation veranlaßt wird. Damit wird im Kaspischen Meer die Düngung verringert. Beides, Sinken des Wasserspiegels und Verminderung der Düngung, hat zur Folge, daß die Fischerei zurückgeht; denn einmal sind große Teile der Laichgebiete trockengefallen (vgl. F. Bartz 1965, S. 525), zum anderen ist die Menge der Nahrungsstoffe verringert. Schließlich ist auch die Wanderung der Störe flußaufwärts zu den Laichplätzen zwar nicht unterbunden, weil in den Stauanlagen Fischschleusen eingebaut worden sind, aber doch erschwert. Erreichten die Fischfänge im Kaspischen Meer 1930 etwa 600.000 t, so erbrachten sie 1956 nur noch 430.000 t. Die Störfänge sanken sogar bis 1955 auf 36,4 % der 1931 angelandeten Menge ab (F. Bartz 1965, S. 511 und 513). Da die Sowjetunion nicht der einzige Anlieger des Kaspischen Meeres ist, sind auch internationale Probleme zu lösen. Aus all diesen Gründen sucht man nach Möglichkeiten, die Verdunstung des Kaspischen Meeres durch Abdämmung der verdunstungsreichsten Meeresteile zu verringern (Projekte zur Rettung dreier Meere 1972) oder ihm durch Umleitung großer Flüsse wieder mehr Wasser zuzuführen. Hier ist vor allem der Plan zu nennen, Petschora und Wytschegda, die nach Norden fließen, zur Kama umzuleiten und diese damit um etwa 40 km^3 Wasser jährlich aufzustocken (J. Hagel 1961). Damit werden sich an Petschora und Wytschegda neue Probleme ergeben (W.W. Puls 1966).

Ausblick

Die obigen Ausführungen dürften deutlich gemacht haben, daß auch die Geographie wichtige Beiträge zur Umweltforschung liefern kann, um nicht zu sagen: Geographie ist Umweltforschung. Ohne Zweifel sind die bisher bearbeiteten Teilgebiete wie Geoökologie, Hydrogeographie, Klimageographie und Anthropo-Geomorphologie weiter intensiv zu pflegen. Aufgrund ihrer Stellung in der Wissenschaft ist aber gerade die Geographie auch berufen, die Wechselwirkung zwischen Gesellschaft, Wirtschaft und Natur zu untersuchen. Ohne die Berücksichtigung der Querverbindungen zwischen den gesellschaftlich-wirtschaftlich-rechnischen Systemen und den Ökosystemen bleibt die Umweltforschung nur Stückwerk. Computertechnik und Systemanalyse werden in der Forschung zweifellos als wichtige Hilfsmethoden herangezogen werden müssen. Schließlich kann die Geographie auch in Schule und Erwachsenenbildung wesentlich daran mitwirken, ein besseres Umweltbewußtsein zu schaffen.

LITERATUR

Zu den grundlegenden Ausführungen ist hier lediglich die zitierte Literatur genannt; zu den Beispielen dagegen sind bewußt mehr und - soweit möglich - leicht zugängliche Veröffentlichungen aufgeführt, um eine ausführlichere Besprechung im Unterricht zu ermöglichen.

Bach, W.: Luftverunreinigung - Schäden, Kosten, Maßnahmen. In: Geogr.Rdsch., 20. Jg., 1968, H. 4, S. 134-142

Bartz, F.: Die großen Fischereiräume der Welt. Versuch einer regionalen Darstellung der Fischereiwirtschaft der Erde. Bd. II: Asien mit Einschluß der Sowjetunion. Wiesbaden: Steiner 1965

Brechtel, H.M.: Die Bedeutung der forstlichen Bodennutzung bei der Erwirtschaftung eines optimalen Wasserertrages. In: Z.d.Deutsch. Geol.Ges., Jg. 1970, Bd. 122, S. 57-70, Hannover 1971 (a)

Brechtel, H.M.: Wald und Wasser. In: Bild der Wiss., 8. Jg., 1971 (b), H. 11, S. 1150-1158

Buchwald, K.: Entwicklungstendenzen der Landschaftsstruktur in ihrer Auswirkung auf die Erholungseignung von Landschaftsräumen und die Planung von Erholungsgebieten. In: Mitt.Dt.Akad. f. Städtebau u. Landesplanung, 12. Jg., Sonderausgabe,S.51-64, Düsseldorf 1968

Buchwald, K., u. Langer, H.: Ökologische Landschaftsforschung als Grundlage und Voraussetzung der Landespflege und des Naturschutzes. In: Probleme der Nutzung und Erhaltung der Biosphäre, Hrsg. Dt. UNESCO-Kommission, S. 36-44, Köln: Dt. UNESCO-Kommission 1969

Bundesministerium des Innern, Referat Öffentlichkeitsarbeit (Hrsg.): Raumordnungsbericht 1970. Bonn - Bad Godesberg: Heger 1970

Deutscher Verein von Gas- und Wasserfachmännern e.V. (Hrsg.): Wasserbedarfszahlen. DVGW Regelwerk, Merkblatt W 410, April 1972. Frankfurt: ZfGW-Verlag 1972

Ehlers, E.: Die historischen Spiegelschwankungen des Kaspischen Meeres und Probleme ihrer Deutung. In: Erdkunde, Bd. XXV, 1971, S. 241-249

Fels, E.: Der wirtschaftende Mensch als Gestalter der Erde. Erde und Weltwirtschaft, hrsg. v. R. Lütgens, Bd. 5, 2. Aufl., Stuttgart: Franckh 1967

Geipel, R.: Die Neulandaktion in Kasachstan. In: Geogr.Rdsch., Jg. 16, 1964, H. 4, S. 137-144

Göttlich, KH.: Eine Heilmaßnahme für den Federsee. In: Veröff.d. Landesstelle f. Naturschutz und Landschaftspflege Baden-Württemberg, H. 39, Ludwigsburg 1971, S. 160-164

Haase, J., u. Haase, G.: Die Mensch-Umwelt-Problematik. Gedanken zum Ausgangspunkt und zum Beitrag der geographischen Forschung. In: Geogr.Berichte, 16. Jg., Nr. 61, 1971, S. 243-270

Hagel, J.: Petschora und Wytschegda werden zur Wolga abgeleitet. In: Kosmos, 57. Jg., 1961, H. 7, S. 292

Hagel, J.: Geographische Aspekte der Umweltgestaltung. In: Geogr. Rdsch., Jg. 24, H. 1, 1972, S. 20-29

Heyn, E.: Der Stausee und das Wasserkraftwerk von Stalingrad im sowjetischen Wasserstraßen- und Energie-Verbundsystem. In: Geogr.Rdsch., 13. Jg., 1961, S. 324-327

Interministerieller Ausschuß für Umweltschutz unter der Federführung des Innenministeriums: Umweltschutzbericht für Baden-Württemberg 1971. Stuttgart: Innenministerium 1971

Karger, A.: Neulanderschließung in der Sowjetunion. In: Geogr. Rdsch., 10. Jg., 1958, H. 1, S. 22-24

Klee, O.: Der Tod des Federsees. In: Kosmos, 67. Jg., 1971, H. 11, S. 464-469

Lechleitner, H.: Konfessionsgruppen und Wirtschaftsleben im Libanon. In: Geogr.Rdsch., Jg. 24, H. 6, 1972, S. 213-218

Lötschert, W.: Die Heidelandschaft - ein ökologischer Sonderfall. In: Umschau in Wiss.u.Technik, 61. Jg., 1961, H. 23, S. 726-728

Olschowy, G., u.a.: Zur Belastung der Landschaft. In: Schriftenreihe f. Landschaftspflege und Naturschutz, Hrsg.: Bundesanstalt f. Vegetationskunde, Naturschutz u. Landschaftspflege, H. 4, S. 5-72, Bonn - Bad Godesberg (Vertrieb: Landwirtsch.-Verlag, Hiltrup) 1969

Ottar, B.: Saure Niederschläge in Skandinavien. In: Umschau in Wiss.u.Technik, 72. Jg., 1972, S. 290-291

Projekte für die Rettung dreier Meere. In: Ideen des exakten Wissens, Nr. 3/1972, S. 184

Puls, W.W.: Pläne zur Umleitung von Flüssen in der Sowjetunion. In: Geogr.Rdsch., Jg. 18, H. 8, 1966, S. 317-319

Reimer, H.: Müllplanet Erde. Hamburg: Hoffmann & Campe 1971

Rönicke, G.: Über Langzeitwirkungen von Luftverunreinigungen. In: Probleme der Nutzung und Erhaltung der Biosphäre, Hrsg.: Dt. UNESCO-Kommission, S. 26-35, Köln: Dt. UNESCO-Kommission 1969

Salzmann, K.H.: Der Plan "Große Wolga". In: Kosmos, 55. Jg., 1959, S. 22-27 und 67-73

Schott, C.: Die Naturlandschaften Schleswig-Holsteins. Neumünster: Wachholtz 1956

Thomas, W.A. (Hrsg.): Man's Role in Changing the Face of the Earth. Chicago: University Press 1956

Tichy, F.: Die vom Menschen gestaltete Erde. Auffassung und Darstellung im 19. Jahrhundert. In: Die Erde, 91. Jg., 1960, S. 241-257

Timmermann, O.F.: Der Inbegriff "Heide" in den offenen Fluren Mitteleuropas. In: Kölner Geogr.Arb., Sonderband = Festschrift Kurt Kayser, S. 212-225. Wiesbaden: Steiner 1971

Troll, C.: Ökologische Landschaftsforschung und vergleichende Hochgebirgsforschung. Erdkundliches Wissen, Schriftenreihe für Forschung und Praxis, H. 11, Wiesbaden: Steiner 1966

Wendrow, S.L., u. Geller, S.J.: Geographische Aspekte des Wolga-Kaspi-Problems. In: Aus der Praxis der sowjet. Geographie, S. 145-152. Düsseldorf: Brücken-Verlag 1966

Winkler, E.: Zur Stellung der Geographie in der Umweltforschung. In: Geographica Helvetica, 25. Jg., 1970, S. 153-155

Wirth, E.: Agrargeographie des Irak. Hamburger Geogr. Studien, H. 13. Hamburg: in Kommission bei Cram de Gruyter 1962

Wirth, E.: Zur Sozialgeographie der Religionsgemeinschaften im Orient. In: Erdkunde XIX, 1965, S. 265-284, Nachdruck in H. Storkebaum (Hrsg.): Sozialgeographie, S. 474-523. Darmstadt Wiss. Buchges. 1969

Wirth, E.: Religionsgeographische Probleme am Beispiel der syrisc libanesischen Levante. In: Verh.Dt.Geogrtag, Bd. 35 (Bochum 1965), S. 360-370. Wiesbaden: Steiner 1966

UMWELTSCHUTZFRAGEN IM UNTERRICHT

von Studiendirektor Dr.phil. Willi Walter Puls

Wenn es Aufgabe der Schule ist - und darin sind alle Methodiker und Didaktiker und alle Bildungspolitiker einig -, die Jugend auf die Bewältigung späterer Lebenssituationen vorzubereiten, dann sind Themen der Umwelt, ihrer Gefährdung durch den Menschen und ihres Schutzes durch den Menschen wichtige Themen des Unterrichts. Die Schule kann und darf an diesen Problemen nicht vorübergehen, zielen sie doch auf eine Zukunft, die von der jetzt heranwachsenden Generation zu meistern ist. Auf einem Kongreß mit diesem Thema ist es nicht nötig, dies im einzelnen zu begründen, wohl aber sollen die folgenden Ausführungen die Stelle bezeichnen, die das Thema im Rahmen des gesamten Curriculums einnimmt, und die Lernziele beschreiben, die zu erreichen sind.
Zweifellos ist das Umweltthema eminent politisch; Umweltschutz und Umweltpolitik als weltweite Aufgabe - so hat sie Bundesinnenminister Genscher vor dem UN-Kongreß in Stockholm bezeichnet. Das Thema ist als ein wichtiges Anliegen der politischen Bildung anzusehen.
Bevor wir aber zu dieser Betrachtung übergehen, müssen wir uns mit den Grundlagen beschäftigen, die uns die einzelnen Wissenschaften zur Verfügung stellen, und mit den Fächern, die in der Schule solche Kenntnisse vermitteln. Unmittelbar an diesen Fragen interessiert und beteiligt sind die herkömmlichen Fächer Geographie und Biologie, deren Lehrer bei der Behandlung des Stoffes eng zusammenarbeiten sollten. Man könnte zu diesem Zweck den Unterricht in beiden Fächern eine Zeitlang parallel schalten, wobei der Biologe vor allem den Begriff der Ökologie in Tier- und Pflanzenwelt beisteuern muß. Auch kann der Biologe die Auffassung seiner Wissenschaft von "Umwelt" darlegen. Danach bewohnen die Gattungen Mensch, Ratte und Stubenfliege den gleichen Lebensraum, aber ihre "Umwelten" sind völlig verschieden, weil "Umwelt" geistig einer "Innenwelt" gegenübertritt. Es ergibt sich das

1. <u>Lernziel</u>
Der Lernende soll an Hand von Beispielen erklären können, worin

die Umweltverschmutzung besteht (Formen), worauf sie zurückzuführen ist (Ursachen) und was sie für ihn und die Gesellschaft bedeutet (Wirkungen).

Eine der zentralen Aufgaben des Geographie-Unterrichts ist es, das Wirkungsgefüge der Geofaktoren in seinem Zusammenhang mit den Humanfaktoren zu durchschauen. Dabei wird der Begriff der Ökologie, hier insbesondere der Landschaftsökologie, wichtig, die Lehre vom Haushalt der Natur. Wir sagen, die Natur, die kleinen und großen landschaftsökologischen Einheiten befinden sich im Gleichgewicht oder streben auf ein Gleichgewicht hin. In dieses natürliche Gleichgewicht greift der Mensch mit seinen Maßnahmen ein. Dies ist Aufgabenfeld der Humanökologie. Ihr entsprechen in der Anwendung Landschaftsplanung und Raumordnung. So ergibt sich als fachimmanentes Lernziel
1.1 das natürliche Gleichgewicht als Ergebnis des dynamischen Prozesses der gegenseitigen Einwirkung der verschiedenen Kräfte erkennen können,
1.2. vom Menschen beeinflußte Gleichgewichte analysieren können,
1.3. Umweltschäden als Störungen des Gleichgewichts zu beurteilen,
1.4. Maßnahmen des Umweltschutzes als Bemühungen des Menschen zu beurteilen, die eine Wiederherstellung des Gleichgewichts erstreben.

Für die Erreichung dieser Lernziele bietet sich nun eine Reihe von Themen an, die so ausgewählt sind, daß die Behandlung einiger ausgewählter Fälle Einsicht in die zur Störung und Wiederherstellung des Gleichgewichts führenden Prozesse gibt. Sie können in Gruppen erarbeitet oder im Lehrer- oder Schülervortrag mit anschließender Diskussion gebracht werden. Hier ist team-teaching wichtig. Projekt-Unterricht bietet sich an.

Das Beispiel des Bodensees liegt Ihnen hier besonders nahe. Die Einflüsse (im wahren Wortsinn) der anliegenden Industrien und die Abwässer der angrenzenden Gemeinden haben das Gleichgewicht so stark verändert, daß Maßnahmen zum Schutz des Sees ergriffen werden müssen. Ähnliches hören wir von den amerikanischen Kollegen über die Großen Seen (v.a. Erie- und Ontario-See; vgl. die Ausführungen von R. Charlier in diesem Band), und schwedische Kollegen können von ihren Untersuchungen am Trummen-See (Mittelschweden) berichten.

Bei den Maßnahmen zur Wiederherstellung des Gleichgewichts müssen wir unterscheiden zwischen den technischen Maßnahmen zur Beseitigung oder Verhütung der unmittelbaren Gefahren - etwa Luftfilter für Abgase, Kläranlagen für Abwässer usw. - und Vorbeugungsmaßnahmen allgemeiner Art zur Verbesserung der Umwelt wie Aufforstung, Verbot des Kahlschlags und der Zerstörung der Humusdecke des Bodens, vor allem Anlage von Parks und Erholungsflächen in und nahe den Ballungsräumen sowie von Naturparks in den entfernteren Regionen als Ausgleichsräume für die Landschaften, die sich nicht mehr im natürlichen Gleichgewicht befinden. Dabei wird in Zukunft die Frage der "Belastbarkeit" einer Landschaft eine Rolle spielen. So wie es einen Punkt gibt, wo die natürlichen Kräfte der Regeneration eines Menschen nicht mehr ausreichen, um den physischen und psychischen Belastungen entgegenzuwirken, so gibt es offensichtlich für eine ökologische Landschaftseinheit eine Grenze der Belastbarkeit (vgl. die Ausführungen von K. Buchwald in diesem Band). Lernende müssen frühzeitig diese Zusammenhänge erkennen.

Der Rhein bietet ein ausgezeichnetes Beispiel. Wir alle kennen die negativen Auswirkungen der Absenkung des Grundwasserspiegels bei der Tulla'schen Regulierung des Rheins. Heute sind wir klüger. Sowohl beim Rhein-Main-Donau-Kanal wie auch beim neuen Elbe-Seitenkanal (der die Elbe durch die Lüneburger Heide mit dem Mittellandkanal verbindet) werden von vornherein Abkommen mit der Landwirtschaft getroffen, wonach den anliegenden Gemeinden eigene Trinkwasserleitungen gebaut werden und die landwirtschaftlichen Betriebe Beregnungsanlagen erhalten, die mit dem Wasser aus dem Kanal gespeist werden. Die erforderlichen Mittel werden als Nebenkosten bei der Abrechnung des Kanalbetriebes geführt.
Beim Rhein wird überlegt, wie die bei der Korrektion abgetrennten Seitenarme, die von der Verschmutzung des Rheinstroms bisher nicht betroffen sind, wieder in den Wasserkreislauf einzubeziehen sind. Wenn man die Verbindung mit dem Strom wiederherstellt, könnte sich ein Teil des Wassers in diesen relativ unberührten Zonen wieder regenerieren (sein natürliches Gleichgewicht wiederherstellen), und ein Teil des gereinigten Wassers, das in das Grundwasser absinkt und dort von den Sanden gefiltert wird, wäre als Trinkwasser wieder zu verwenden.

An dieser Stelle - oder beim Thema der Verschmutzung unserer Gewässer - können dann angeschlossen werden: Der Sauerstoffgehalt des Rheinstroms ist in den letzten Jahren um ein Drittel abgesunken; damit ist das natürliche Gleichgewicht für die im Wasser lebenden Tiere gestört. Jährlich transportiert der Rhein 12 Milliarden Kubikmeter Abwässer, von denen fünf Sechstel aus der Industrie stammen. Nitrate, Öl, Phosphate (v.a. aus den Waschmitteln), Rückstände der Schädlingsbekämpfungsmittel aus der Landwirtschaft, Mineralsalze, Rückstände der Kunststoffindustrie, jährlich 70 Tonnen Quecksilber, Cadmium, Blei fließen in den Strom. Kläranlagen an den seitlichen Zuflüssen sollen den Zustrom der ungereinigten Abwässer verhindern.
Endlich und nicht zuletzt kommen noch die Kühlwässer der Kernkraftwerke hinzu. Sie sollen den Fluß um nicht mehr als drei Grad erwärmen. Diese Erwärmung kann für das Leben einiger Fischarten günstigere Lebensbedingungen schaffen, andere Arten aber werden verschwinden. Es kann sich ein neues Gleichgewicht einpendeln, wenn das zufließende Wasser sich rasch mischt und wenn sich unterhalb des neuen Kraftwerks keine Werke befinden, die ihrerseits ungereinigte Abwässer in den Strom leiten, und wenn dieser damit sei Wasser ausreichend regenerieren kann. Aber zwischen Lörrach und Mainz sind 18 Kraftwerke geplant, alle 18 km eines; damit aber ist eine natürliche Regeneration des Wassers nicht mehr möglich, das Gleichgewicht ist auf das Ernsteste gestört, und es besteht keine Möglichkeit, dieses wiederherzustellen. Noch dazu: Bisher beziehen wir zwei Milliarden Kubikmeter Trinkwasser aus mechanisch und biologisch gereinigtem Rheinwasser. Wie lange wird das noch möglich sein?

Für das Thema Luftverschmutzung eignet sich das Problem des Smogs. Werden die Industriegase in großer Höhe aus den Schornsteinen abgegeben (der Schornstein des neuen Kraftwerks in Stade an der Unterelbe ist 220 m hoch), so durchmischen sich die abgeschiedenen schädlichen Stoffe in großer Höhe schnell mit der Luft. Bei niedrigen Schornsteinen und ungünstigen Winden können dagegen erhebliche Schäden in der Vegetation auftreten. Über den Eisenhütten und Koksbatterien der Gaswerke sehen wir Schwaden von Wasserdampf, abe auch von durch Eisenoxide braun gefärbten Rauches, den der Wind durch die Luft wirbelt. Der Anblick ist überall der gleiche, über dem Ruhrgebiet, über Pittsburgh, über Rostow und Dnjepropetrowsk wie in der Mandschurei und in Japan, über kapitalistischen wie über volkseigenen Betrieben. Wehe den Bewohnern, wenn noch eine Inversionswetterlage dazukommt und den Smog hervorruft (Beispiele aus der ganzen Welt, Autoabgase in amerikanischen Städten, in Los Angeles und in den Straßenschluchten von New York, an schwülen Tagen an unseren Straßenkreuzungen). Gegen den Smog sind wir machtlos. Wir können nur vorbeugen und schlimmste Schäden durch ein Warnsystem vermeiden, wie es Rotterdam z.B. tut, wo automatische Geräte anzeigen, wenn der Gehalt von Kohlenoxiden und Schwefelverbindungen zu stark anwächst, so daß die Atemluft des Menschen gefährdet ist.

Die Eingriffe des Menschen in den Haushalt der Natur sind nicht auf die hochindustrialisierten Länder beschränkt und haben nicht erst in der Neuzeit gefährliche Formen angenommen. Es ist gut, uns an die Gründe für eine Verkarstung des Mittelmeergebiets zu erinnern, und aus dem Lateinunterricht kennen wir die Beschreibung von fruchtbaren Gegenden in Sizilien und Nordafrika, wo heute unfruchtbare Steppe und Wüste herrscht, weil der Mensch die schützende Wald- und Weidedecke zerstört hat, so daß die Winde die trokkene Erde davonbliesen.
Einen verheerenden Einfluß übt die Brandrodung in den Tropen aus. Solange die Bevölkerungsdichte niedrig war und die Stämme erst nach Menschenaltern wieder an einen Platz kamen, den ihre Vorväter mit Feuer gerodet hatten, konnte sich inzwischen die Vegetation wieder erholen; es bildete sich Sekundärwald, der allmählich ebenso dicht wurde wie der ursprüngliche, ein neues Gleichgewicht hatte sich hergestellt. Anders ist es bei ständig wachsender Bevölkerung. Der Wald wird dann in kürzeren Perioden gerodet, der aufkommende Sekundärwald schon nach wenigen Jahren niedergebrannt, es bildet sich allmählich eine Kümmerform heraus, Busch, Dornbusch und Gestrüpp, das den darunter liegenden Boden kaum mehr vor Abtragung bewahren kann. Auch verschmutzen die Rauchschwaden der Rodungsfeuer die Luft der Tropen mehr als die wenigen dort liegenden Industriewerke.

Über Trinkwasserversorgung, Abwässerreinigung und Müllverwertung braucht an dieser Stelle wenig gesagt werden, vielleicht nur, daß solche Themen auch schon in der Grundschule behandelt werden müs-

sen. Ein Kind muß schon einmal gesehen haben, wieviel Schmutz an einem Tage im Klassenzimmer, auf dem Schulhof der Schule, im Haus am Abholtag der Mülleimer in der Wohnstraße und im Wohnviertel zusammenkommt. Und es lernt frühzeitig, wohin es führt, wenn der eine Nachbar seinen Müll im Garten verbrennt oder ein anderer ihn im Wald ablädt, und daß der nahe Bach durch Abfälle verschmutzt wird.
Auch läßt sich am Beispiel Wasser gut das Dilemma zeigen: Mehr Wasser wird verbraucht, der Grundwasserspiegel sinkt, die Abwässer verschmutzen den Fluß und die Seen, aus denen zunehmende Anteile Trinkwasser entnommen werden müssen. Die Herstellung von Trinkwasser wird immer teurer. Zwei Leitungen - für Trinkwasser und Brauchwasser getrennt - werden vorgesehen. Am Beispiel der Einwegflaschen läßt sich die gegenläufige Entwicklung zeigen: arbeitssparend für Verbraucher und Produzent, Belastung für den Müll.
Für diese Themen eignen sich der Arbeitsunterricht und die Methode des "forschenden Lernens": Auswertung von Zeitungsmeldungen und Berichten in illustrierten Zeitschriften, Besuche im Wasserwerk, bei Müllabfuhr und Müllverbrennung.

Lernziel 2

Erkennen, daß wir alle an der Verschmutzung der Umwelt mitschuldig sind und an der Verhütung und Beseitigung der Gefahren mithelfen müssen.

Zunächst einmal kosten die Abwehrmaßnahmen viel Geld. Abgas-Raumfilter, Verbrennung des Mülls, die natürliche Reinigung des Wassers in großen Klärbecken und auf Rieselfeldern erfordert viel Platz, der für andere Zwecke verloren geht. Ebensolchen enormen Flächenbedarf hat die Müllkompostierung, die nur langsam vor sich geht, so daß für die Müllmassen einer Großstadt riesige Flächen erforderlich sind, auf denen der Müll sortiert sowie von Metall und Flaschenresten gereinigt wird, ehe man ihn "gären" läßt. Die natürlichste Form der Schadensbeseitigung, die biologische Reinigung, erfordert also viel Zeit und eine große Fläche.
Andererseits können die Kosten für die Beseitigung von festen, flüssigen und gasförmigen Abfällen erheblich verringert werden, wenn man daraus Stoffe ausscheidet, die man wieder verwerten kann: Wärme bei der Müllverbrennung, Asche und Schlacke für den Straßen-

bau, Metalle und Salze aus den Abwässern, Kohlen-, Schwefel- und Zementstaub aus den Abgasen der Industrie; ebenso wie aus Autowracks, verrosteten Maschinen und Ackerwerkzeugen noch Rohstoffe für die Eisenproduktion gewonnen werden können (Recycling).
Im ganzen werden die Kosten für den Umweltschutz in Zukunft erheblich zunehmen. Die Schüler können im Unterricht einmal eine Aufstellung derjenigen Maßnahmen machen, die nach ihrer Meinung notwendig sind. Der Lehrer kann dann aus dem Umweltprogramm der Bundesregierung die einzelnen Posten nennen, die für die Zeit von 1971 bis 1975 auf 15,3 Mrd.DM berechnet wurden. Dabei sind mittelbare Aufgaben, wie Einsatz neuer umweltfreundlicher Techniken (z.B. abgasfreies Elektroauto) noch nicht berücksichtigt. Während der Staat für die Beseitigung der Schäden eintritt, die von der Allgemeinheit verschuldet sind, gilt für die anderen Schäden das "Verursacherprinzip". Die Diskussion zur Frage: "Wer soll das bezahlen?" übt die Jugendlichen im Begründen von Meinungen.

Ein Teil der vorstehend erwähnten Themen kann bereits in der Grundschule und in der Beobachtungs- oder Orientierungsstufe behandelt werden. Die Schüler können selbständig erforschen, wohin der Müll geht, wie die Abwässer gereinigt werden, bei welchen Witterungsverhältnissen man die Startgeräusche der Flugzeuge vom nahen Flugplatz hört oder den Gestank der nahen chemischen Fabrik wahrnimmt. Als Detektive versuchen sie herauszufinden, wer den alten Kinderwagen, das Sofa oder die Matratzen im Wald abgelagert hat. Mit Begeisterung säubern sie das kleine Wäldchen neben der Schule vom Unrat und entrüsten sich, wenn ein Nachbar oder gar ein Mitschüler die Natur wieder verschandelt.
Wir haben bisher vor allem Themen erwähnt, bei denen die Umweltgefährdung leicht zu beobachten ist, haben Formen derselben, ihre Ursachen und Wirkungen auf den Menschen herausgestellt. Schwieriger zu untersuchen sind in der Schule die Auswirkungen der Schädlingsbekämpfungs- und Unkrautvernichtungs- sowie die der Konservierungsmittel. Wir konnten deutlich feststellen, daß nicht ein Fach allein die Arbeit bewältigen kann. Biologie, Chemie, Physik sind beteiligt, wirtschaftliche Überlegungen spielen eine wichtige, wenn nicht entscheidende Rolle, und endlich muß eine politische Entscheidung getroffen werden. Bei der Fülle der auf uns zukommenden Gefahren muß gefragt werden: Welche Gegenmaßnahmen sol-

len getroffen werden, wieviel kosten sie, und welche Prioritäten sind zu setzen? Deshalb sollte das Thema Umweltschutz in fächerübergreifendem Unterricht behandelt werden. Es ist - wie gesagt - vorzüglich geeignet für team-work der Lehrer.

"Umweltschutz ist Politik"

In der politischen Bildung soll der Jugendliche dazu befähigt werden, am Prozeß der politischen Meinungs- und Willensbildung mitzuwirken. Er muß Probleme erkennen, sie kritisch betrachten lernen und mögliche Lösungen finden.
Deshalb die weiteren Lernziele:

3.1. Er soll angeben können, welche Widersprüche und Interessenkonflikte bei der Beseitigung der Umweltgefahren entstehen. Das sind in erster Linie Widersprüche zwischen gesellschaftlicher Norm und Notwendigkeit und wirtschaftlicher Realität. Urheber der Verschmutzung und passiv Betroffene gehören zur Gruppe der Wähler, auf deren Stimmen der Politiker und seine Partei bei der nächsten Wahl angewiesen sind.

3.2. Er soll abschätzen lernen, wie weit seine eigenen Interessen und die seiner nahen Umgebung mit denen der Gesellschaft im Einklang oder im Widerstreit stehen.

3.3. Er soll erkennen, wie weit die Gefährdung der Umwelt mit dem gesellschaftlichen System zusammenhängt und wie weit sie unabhängig davon ist (Systembetrachtung).

3.4. Er soll ein begründetes Urteil darüber abgeben können, welche Maßnahmen für den Umweltschutz getroffen werden müssen, und Wege für die Durchsetzung vorschlagen (politisches Handeln).
Dabei muß er einsehen, daß für die Entscheidung wissenschaftliche Daten bereitgestellt werden müssen, für die vielfach die Grundlagen fehlen, z.B. Höchstwerte von giftigen Substanzen bei der Schädlingsbekämpfung, Maximalwerte von Strahlungen, wobei nicht nur die Menge, sondern auch die Dauer der Bestrahlung eine Rolle spielt. Was ist noch "tragbar", was ist schädlich? Dabei ändern sich die festgesetzten Mengen, die Anforderungen werden strenger - was gestern erlaubt war, ist heute schon verboten. Man denke nur an den Bleigehalt im Benzin oder den Promillesatz an Alkohol.

Zu diskutieren: Wissenschaft stellt Material für die politischen Entscheidungen, wirkt dadurch gleichzeitig politisch.
Für die Erreichung dieser Lernziele eignet sich die Methode des

"forschenden Lernens" besonders. Ziel des politischen Unterrichts ist die Einübung problemlösenden Verhaltens. Der Jugendliche soll sich selbst in die Position dessen versetzen können, der auf Grund der vorliegenden Fakten unter Abwägung aller Interessen eine, die beste politische Lösung vorzuschlagen hat.

Hierfür eignet sich das Thema Umweltschutz ganz besonders. Alle Zeitungen, Illustrierte, Rundfunk und Fernsehen bringen laufend Berichte; eine Fülle von Material kann in kurzer Zeit gesammelt werden. Quellen sind also ausreichend vorhanden. Für die anstehenden Probleme gibt es viele Lösungen. Gerade hierbei sind kontroverse Ansichten nicht nur denkbar, sondern fruchtbarer Ausgangspunkt für die Einübung problemlösenden Verhaltens. Der Lehrende ist nicht im Besitz der gültigen Wahrheit, sondern er lernt mit den Schülern. Zahlreiche Probleme des Umweltschutzes werden sogar in den Gemeinderäten und Bezirksparlamenten behandelt, deren Sitzungen die Jugendlichen besuchen können ebenso wie die Anhörverfahren in den politischen und Verwaltungsgremien. Endlich spielen die Bürgerinitiativen (Teilhabe der Bürger am politischen Prozeß) eine große Rolle, die als eine Form direkter Demokratie auch für Jugendliche schon Wirkungsmöglichkeiten zeigen. Umzüge und Plakate, Leserbriefe an die Zeitung oder Schreiben an den Bürgermeister oder Landrat tun ihre Wirkung.

<u>Dauer des Projekts: 3 - 4 Wochen</u>

Gruppenarbeit ist bei diesem Thema eine besonders effektive Methode. Rasch hat die Gruppe Material zusammen. Es gilt nun, sich nicht von einer Flut von Fakten überwältigen zu lassen. Rechtzeitig muß geordnet und möglichst auch schon bewertet werden. Was ist eine generelle Erscheinung? Die Ölpest auf dem Rheinstrom, auf dem Meere (Thor Heyderdal)? Was nur partiell, wie das Lecken eines Öltanks im Garten oder im Keller? Die Gruppen können sich ihre Themen selbst wählen. Am besten bewährt hat sich eine Ordnung nach drei Schadensgruppen: Verschmutzung der Luft, des Bodens und des Wassers. Strahlen und Lärm eignen sich weniger als Thema für eine Gruppe, wenn es auch vorstellbar ist, daß junge Menschen, die so erstaunlich souverän technische Neuerungen handhaben können, ihr Tonbandgerät einmal einsetzen auf der Suche nach starken Geräuschen und ihren Wirkungen.

Man kann innerhalb der Gruppen Ursachen und Wirkungen untersuchen und überlegen, wie Abhilfe geschaffen werden kann. Dann könnte man nach Abschluß der Beratungen neue Gruppen zusammenstellen, in denen die Ergebnisse der "Fachgruppen" diskutiert und gegebenenfalls gemeinsame Züge herausgestellt werden. Dabei muß jedoch die Zeit festgelegt werden, sonst geht die Diskussion ins Uferlose. Es eignen sich Blockstunden, oder man geht im Epochenunterricht auf einen Vier-Stundenblock. Dann kann man auch einmal eine Müllverbrennungsanstalt besuchen, eine Diskussion in der Gemeindevertretung organisieren oder sich in einem größeren Unternehmen nach den Maßnahmen zum Umweltschutz erkundigen. Man benötigt Gruppenräume, Anschlagtafeln, um Plakate zu entwerfen, Vervielfältigungsapparate und Mappen für die Zeitungsausschnitte.

Bei den Lerninhalten beachten wir:
Materialien (Orientierungswissen, das die Fächer bereitstellen)
Fragen / Problemstellung
Anschauen / Lageanalyse
Urteilen / Zielkonflikt
Handeln / Maßnahmen vorschlagen

Besonders geeignet sind Projekte oder Fallstudien. Ich will auf einige aufmerksam machen. Gutes Material gibt die Bürgerinitiative "Gesunde Welt" in Pforzheim heraus.

Für das Problem Lärm eignet sich das Thema Flughafen.
Die Bundeszentrale hat über die Kontroverse um den Bau eines neuen Flughafens bei München einen ausgezeichneten Film "Lärm" gedreht. Zu Anfang protestieren die Bewohner des jetzigen Flugplatzes Riem gegen den zunehmenden Lärm der großen Flugzeuge. Die Regierung sucht einen Ausweg. Der Hofoldinger Forst im Süden der Stadt ist staatseigenes Gelände, es bedarf hier keiner schwierigen Enteignungsverhandlungen. Sie beschließt, Start und Landung der großen Maschinen auf das neue Feld zu verlegen. Die Bürger Münchens protestieren, der Forst soll als Erholungslandschaft für die Großstädter erhalten bleiben. Als zweiter Ort wird das wirtschaftlich wenig ertragreiche Gelände des Erdinger Mooses gewählt. Auch hier protestieren die Bewohner, diesmal die Bauern des Bezirks. Die Staatsregierung entscheidet für das zweite Projekt, gegen die Bürger. Eine beteiligte Abgeordnete sagt trocken, nun sei bei den Betroffenen "das Staatsverständnis restlos im Eimer". Der Film hat exemplarischen Charakter. Solche Konflikte entstehen bei

jeder Planung. Das Beispiel zeigt gleichzeitig die Rolle der Bürgerinitiative. Gegen das Projekt Hofoldinger Forst treten verschiedene Gruppen Münchner Bürger an, an ihrer Stelle eine Anzahl Intellektueller, Schriftsteller und Universitätsprofessoren. Die Erdinger Bauern haben keinen potenten Fürsprecher. Bei ihnen besteht ein Widerspruch zwischen "rückständiger Mentalität" ("wir wollen nicht von unsrer Scholle") und wirtschaftlich technischen Notwendigkeiten.
Bei der Besprechung im Unterricht wäre offen zu fragen, ob der Wunsch, auf dem angestammten Hof zu bleiben, tatsächlich als rückständig bezeichnet werden kann. Gibt es vielleicht noch andere Gruppen, deren Interessen ebenfalls den Werten des kapitalistischen "Fortschritts" widersprechen und die deshalb benachteiligt sind: Alte, Kranke, Verwahrloste oder Kinder, deren Lärm z.B. entscheidend ist für die Verweigerung von Spielplätzen?

Ein anderer Konflikt ist um das Kernkraftwerk bei Worms entbrannt. Es war zuerst auf hessischem Gebiet vorgesehen, wurde dann aber Rheinland-Pfalz angeboten. Die Regierung zögerte lange und sagte vor kurzem endgültig ab, offensichtlich unter dem Druck einer aktivierten Öffentlichkeit. Dabei ist es unbestritten, daß nicht nur die Wirtschaft, sondern wir alle mehr Energie benötigen, wenn wir unseren Lebensstandard nicht nur aufrechterhalten, sondern noch verbessern wollen. Aber wohin soll die Ablehnung führen, wenn eindeutig klar ist, daß neue Kraftwerke errichtet werden müssen? Wegen der Verschmutzung der Luft sollen es keine Kohlekraftwerke und keine Erdölkraftwerke sein. Doch über die Errichtung von Kernkraftwerken, die im Interesse der gesamten Bundesrepublik liegen - elektrischer Strom macht nicht an den Ländergrenzen Halt -, entscheiden die Länder. Aber auch an den Grenzen der Bundesrepublik Deutschland enden die Probleme nicht, sie sind überstaatlich und erfordern internationale Regelungen.

Um den weiter steigenden Bedarf an Mineralölprodukten zu decken, sucht die Veba Chemie einen neuen Standort für einen Chemiekomplex, da im Bereich Gelsenkirchen / Bottrop / Wanne-Eickel keine ausreichenden Erweiterungsmöglichkeiten für die dort bestehenden Teile des Unternehmens gefunden werden. Nach Prüfung mehrerer Standorte bleibt nur das von der Wirtschaftsförderungsgesellschaft des Landes Nordrhein-Westfalen angebotene Gelände am Niederrhein im

Orsoybogen übrig. Die Gemeinden wünschen das Werk, da die Gewerbesteuer in den Säckel der Gemeinden fließt. Nachbargemeinden erheben Einspruch wegen der Belästigung durch Abgase. Der Kreis Moers befürwortet die Errichtung, weil damit 3000 - 4000 Menschen in Arbeit gebracht werden können und der einseitig auf Kohle und Eisen ausgerichtete Kreis seine Palette der Unternehmen vergrößert. Hier liegt ein typischer Zielkonflikt vor zwischen dem erstrebenswerten Strukturwandel an Rhein und Ruhr, der Arbeitslosigkeit verhindern soll, und den Geboten des Umweltschutzes, die in diesem dicht besiedelten und stark "belasteten" Raum ein großes Gewicht haben.

Für das Lernziel "Erkennen, wie weit die Gefährdung der Umwelt mit dem gesellschaftlichen System zusammenhängt" eignet sich als Muster der vor kurzem in der Zeitschrift "Gegenwartskunde" von Dörge und Uhrhammer behandelte Fall. Der Schiffsführer einer Firma, die mit der Beseitigung von Ölabfällen durch Versenkung in die Nordsee beauftragt ist, "verliert" schon auf dem Rhein seine Ladung. Die Firmenleitung zahlt ihm für die schnelle Erledigung seines Auftrags Prämien. Solche "Umweltverschmutzung durch Profitinteresse" ist häufiger, als man denkt. Insofern ist der Fall nicht eine Ausnahme, wie manche Kritiker der erwähnten Studie meinen, es ist nur einer der leider wenigen Fälle, die entdeckt wurden. Es handelt sich hier um eine fragwürdige "Umverteilung von Volkseinkommen", indem ein Privatbetrieb die für ihn zu hohen Belastungen, die er für die Beseitigung der von ihm verschuldeten Umweltgefahren aufbringen müßte, auf die Allgemeinheit abwälzt, indem er die gesetzlichen Vorschriften nicht beachtet. Die Kosten werden auf die Allgemeinheit abgewälzt, der schmutzige Rhein wird noch schmutziger, und nicht der Verursacher kommt für die Kosten auf, sondern der Steuerzahler. Die dem Firmeninhaber auferlegten Strafen haben bisher keinerlei Abschreckungseffekt, denn sie sind in jedem Fall niedriger als der erzielte Gewinn.
Ist ein solcher Fall typisch nur für das kapitalistische System? Es kann festgestellt werden, daß sich eine solche Verschmutzung in allen Industrieländern findet, auch in solchen mit Zentralverwaltungswirtschaft, denn auch dort hängen Prämien und gesellschaftliches Ansehen von der Planerfüllung ab. Natürlich versucht man dort, mit drakonischen Strafen gegen die Umweltsünder vorzugehen. Ebenso müssen in einer sozialen Marktwirtschaft geeignete Mittel

und Wege gefunden werden, um die Interessen der Gesellschaft gegenüber den Interessen eines einzelnen Unternehmens durchzusetzen.

Solche Modelle brauchen wir für den Unterricht über Umweltgefahren und Umweltschutz. Sie zeigen die Interdependenz der Faktoren. Wollen wir die wachsende Bevölkerung ernähren, so müssen wir Unkraut und Ungeziefer bekämpfen, den Boden mit chemischen Stoffen düngen. Diese Stoffe werden zum Teil von den Pflanzen aufgenommen, zum Teil in das Grundwasser geschwemmt und reichern dieses an. Also ist die Landwirtschaft der größte Umweltverschmutzer unserer Breiten. Die Arbeitserleichterung für die Hausfrau - Geschirrspülen im Automat, Waschen schmutziger Wäsche im Automat - wird erkauft mit einer Verschmutzung des Wassers durch die Wasch- und Spülmittel, die Bäche und Flüsse verunreinigen. Was ist uns wichtiger?

Andere Modelle könnten sein:
Bürgerinitiative gegen das Atlantik-Hochhaus in Westerland. Die stark verschuldete Gemeinde soll ein modernes Kurmittelhaus bekommen, das allen Kranken zugute kommt, wenn sie dafür die Errichtung eines 85 Meter hohen Wohnblocks in Strandnähe genehmigt.

Hamburger Einwohner erheben Einspruch gegen die Errichtung einer zweiten Müllverbrennungsanstalt, obwohl giftige Abgase und Rauch durch den Einbau geeigneter Vorrichtungen auf ein Minimum herabgedrückt werden sollen.

Der schleichende Tod von ganzen Viehherden in der Umgegend von Nordenham kann nach eingehenden Untersuchungen auf die Bleiabgase der dortigen Zinkhütte der Preussag zurückgeführt werden. Die schadhaften Filter werden erst erneuert, nachdem die Öffentlichkeit laut protestiert hat. Das Werk hat seine Produktion nicht einen Tag eingestellt.

Sie selbst können aus Ihrer Umgebung zweifellos noch sehr viel mehr Beispiele finden, aus denen das Material für ein Planspiel gewonnen werden kann.
Planspiele eignen sich besonders gut, um bei gegebenen Ausgangsdaten zur Lösung zu kommen: Antrag einer Firma auf eine bestimmte Produktion, Auflagen der örtlichen Behörden, Diskussion und Berechnung der Unkosten für Umweltschutzmaßnahmen, Konkurrenzsitua-

tion, Gewerbesteueraufkommen der Gemeinde, Abwägen der Interessen, Arbeitsplätze usw. bis zur Entscheidung.

In einem anderen Zusammenhang bieten sich Überlegungen an, wie sie in jüngster Zeit in den Schriften des Club of Rome dargelegt sind. "Grenzen des Wachstums" heißt das Buch, das jetzt auch in deutscher Sprache herausgekommen ist. Hier wird die Frage aufgeworfen, ob das ständige Wachstum der Wirtschaft der Industrieländer die dortige Umwelt immer stärker gefährdet, "Wachstum zum Tode". Das qualitative Wachstum muß an die Stelle des übertriebenen quantitativen treten. Das ist ein Thema für die Oberstufe der Gymnasien und kann in Gemeinschaftskunde, aber genauso gut in Religion und Philosophie behandelt werden. Es hängt auf das engste mit dem Problem der Entwicklungsländer zusammen, das in Stockholm sehr klar ausgesprochen wurde.
Die rasche Industrialisierung in den Ländern der Dritten Welt gefährdet deren Umwelt auf das schwerste. Wenn die Industrieländer aber versuchen, die Entwicklungsländer von der Notwendigkeit zu überzeugen, strenge Maßnahmen gegen die Umweltverschmutzung einzuführen, dann sind diese mißtrauisch und hegen den Verdacht, daß strenge Vorschriften nur die Produktion verteuern und die Konkurrenz aus den (bisherigen) Billigpreisländern ausschalten sollen. Deshalb verlangen sie einen finanziellen Ausgleich, falls ihre Wirtschaft verpflichtet werden sollte, die gleichen Umweltschutzvorschriften bei sich zu praktizieren wie in den Industrieländern.
Aber diese Überlegungen führen auf ein weites Feld, das am Schluß der Behandlung von Umweltproblemen in der Schule (und in anderen Gremien) stehen könnte. Wichtig ist nur, daß dabei nicht die Verantwortung für die Umweltgefahren abgewälzt wird auf die "anderen", den Staat, das System, die Industrie, und daß auch die Abhilfe nicht nur von anderen verlangt werden kann, sondern daß wir selbst mitschuldig und deshalb auch mitverantwortlich sind für eine bessere Umwelt, für eine Wiederherstellung des von uns gestörten Gleichgewichts in der Natur. Diese Einsicht zu erreichen und daraus Folgerungen zu ziehen, müßte ein wichtiges Ziel unseres Unterrichts und unserer Erziehung sein.

SCHUTZ UND ENTWICKLUNG DER NATÜRLICHEN UMWELT - DER BEITRAG DER LANDSCHAFTSPLANUNG

von Prof.Dr. Konrad Buchwald
Institut für Landschaftspflege und Naturschutz
der Technischen Universität Hannover

Um diese sehr komplexe Thematik in begrenzter Zeit darstellen zu können, sollen folgende 3 zentrale Themenkreise herausgegriffen und behandelt werden, womit zugleich die Gliederung dieses Berichtes gegeben ist:

I. In welchem umweltpolitischen Rahmen ist heute der Beitrag der Landschaftsplanung zu sehen?
II. Was beinhaltet eine künftige "ökologisch orientierte Raumordnung" für die Bundesrepublik Deutschland?
III. Welche Aufgabenstellung haben Landschaftspflege und Landschaftsplanung im Rahmen eines solchen Raumordnungskonzeptes zu erfüllen?

I. Zum 1. Themenkreis - als Einleitung

In welchem umweltpolitischen Rahmen ist heute Landschaftsplanung zu sehen? Was ist Umwelt des Menschen, Umwelt der menschlichen Gesellschaft?

Umwelt ist zunächst einmal alles, was uns umgibt, was uns beeinflussen kann und was wir beeinflussen können. Umwelt umgibt uns in dreifacher Hinsicht:

Da ist unsere natürliche Umwelt, das nicht vom Menschen Gemachte, aber häufig von ihm Beeinflußte, Gestaltete, Genutzte: Die Geoelemente Gesteinshülle, Boden, Wasser, Luft, Pflanzendecke und Tierwelt und die von ihnen gebildeten Landschaftsräume in ihren natürlichen Komponenten; schließlich die gesamte Geosphäre und der Kosmos;
da ist unsere gebaute oder technische Umwelt: Das vom Menschen Gemachte, unsere Städte, Wohnungen, Fabriken, Maschinen, Verkehrswege, Fahrzeuge usw.;
und da ist unsere mitmenschliche oder soziale Umwelt: Die Gesellschaft, das Volk, in dem wir leben.

Das ist bewußt sehr einfach formuliert. Es soll lediglich die Vielschichtigkeit menschlicher Umwelt deutlich machen. Wir befassen uns heute und hier lediglich mit der natürlichen Umwelt, allerdings unter steter Berücksichtigung der beiden anderen Komponenten, der gebauten und der sozialen Umwelt.

Unsere Aufgabenstellung "Schutz und Entwicklung der natürlichen Umwelt für eine sich wandelnde Gesellschaft" nennen wir in der BR Landespflege (vgl. Übersicht 1). Landespflege ist der ökologisch-gestalterische Beitrag zur Raumordnung auf allen Planungsebenen.

Aufgabe der Landespflege ist es, die natürlichen Lebensgrundlagen der Gesellschaft im Wohn-, Industrie-, Agrar- und Erholungsbereic zu schützen, zu pflegen und zu entwickeln mit dem Ziel, das heutige Wohlbefinden wie die kulturelle und genetische Weiterentwicklung des Menschen zu sichern. Landespflege umfaßt mehrere Teildisziplinen wie

die Landschaftspflege als planerisch-gestalterische Disziplin auf ökologischer Grundlage in der freien Landschaft,
den erhaltenden Naturschutz
und die Grünordnung für die städtischen Bereiche.

In ihren Maßnahmen z.T. technologisch ausgerichtete Arbeitsgebiete wie Gewässerschutz, Immissionsschutz etc. sind auf Grund ihrer zentralen ökologischen Aufgabestellung ebenfalls als Teile umfassender Landespflege zu betrachten.

Die von mir vorgenommene Einbeziehung des Kosmos in die menschliche Umwelt läßt daran erinnern, daß unsere Erde als ganzes zwar als Ökosystem zu betrachten ist, aber doch nur als bedingt geschlossenes System, da sie in ihrem Energiehaushalt eindeutig von kosmischer Energie abhängig ist.

Räumlich gesehen und hinsichtlich vieler anderer Lebensgrundlagen ist unser "Raumschiff Erde" aber ein endliches System. Diese uns immer deutlicher werdende Erkenntnis hat die heutigen Diskussione um Wachstum und Gleichgewicht ausgelöst, hat die Gefahr unkontrollierten demographischen und ökonomischen Wachstums deutlich gemacht.

Das weltdynamische Simulationsmodell des MIT, publiziert von J.W. Forrester im "Ecologist" (14/15. 1971) und kürzlich von D. Meadow und Mitarbeitern unter dem Titel "Grenzen des Wachstums" (1972) hat - trotz aller beckmessernden Kritik an diesem ersten Versuch - deutlich gezeigt, in welche Katastrophensituation wir hineinsteuern können, und zwar aus folgenden Gründen: Seit der industriellen Revolution sind 2 Systeme mit konträren Entwicklungsmechanismen und Gesetzmäßigkeiten auf Gedeih und Verderb aneinander gekoppelt: Das räumlich begrenzte und zugleich begrenzt belastbare und veränderliche Ökosystem Erde wird genutzt durch das hochtechnisierte, dynamische auf Expansion ausgerichtete Wirtschaftssystem der industriellen Gesellschaft. Beide laufen eindeutig auf Kollisionskurs.

Aus ökologischer Sicht kann es daraus nur eine Folgerung geben: Den Übergang zu einem kontrollierten, in hohem Maße die Qualität der Leistungen berücksichtigenden Wachstum bzw. den Übergang zu einem weltweiten, aber zeitlich und regional differenzierten, ökonomisch-ökologischen Gleichgewichtszustand auf unserer Erde.

Für die Bundesrepublik Deutschland bedeutet dieses Konzept des kontrollierten Wachstums bzw. eines anzustrebenden Gleichgewichtszustandes zweierlei:
1. Den Übergang zu einer "ökologisch orientierten Raumordnung"
2. Ein kritisches Durchdenken und entscheidende Korrekturen an den derzeitigen Formen des auf Expansion ausgerichteten marktwirtschaftlichen Systems.
Wir wollen uns hier nur mit der ersten Aufgabe befassen.

II. Zum 2. Themenkreis: Was beinhaltet eine "ökologisch orientierte Raumordnung" für die BRD?

In grober, unserer Fragestellung aber noch gerecht werdender Vereinfachung können wir nach der Nutzung durch die Gesellschaft, ihrer Belastung, ihrer Wirtschafts- und Landschaftsstruktur drei Raumtypen unterscheiden:
1. Die Verdichtungsräume und die Verdichtungsbänder, angereichert mit städtischen Siedlungen und Industrien;
2. die agrarischen Vorranggebiete als hochrationalisierte landwirtschaftliche Produktionsräume auf meist besten Standorten und
3. die agrarischen Problem- und Rezessionsgebiete mit überwiegend ungünstigen natürlichen Produktionsbedingungen, vielfach erhalte-

ner vorindustrieller Landschaftsstruktur und häufiger Nutzung als Wochenend- und Ferienerholungsgebiete.

Insgesamt muß heute ein wesentlicher Teil der agrarischen Problem- und Rezessionsgebiete als "ökologische Ausgleichsräume" betrachtet werden, die funktional den Verdichtungsräumen zuzuordnen sind.

Was verstehen wir unter "ökologischen Ausgleichsräumen"? Worin besteht die funktionale Zuordnung zu den Verdichtungsräumen?

Die Notwendigkeit der Zuordnung von ökologischen Ausgleichsräumen zu den Verdichtungsgebieten ergibt sich aus der nüchternen Überlegung, daß die Verdichtungsräume erst in Jahrzehnten und unter hohem Aufwand so umgestaltet werden können, daß sie als humaner Lebensraum gelten und die wichtigsten Daseinsfunktionen voll erfüllen können. Wir brauchen also Räume, die das z.Z. in den Verdichtungsräumen an Umweltqualität nicht Erfüllbare zuliefern können. Da dies lebensnotwendige Leistungen der natürlichen Umwelt sind, nennen wir diese Räume "ökologische Ausgleichsräume".

Ökologische Ausgleichsräume sind im allgemeinen dünner besiedelte Räume mit naturnaher Landschaftsstruktur, die in der Lage sind, als relativ stadtnahe Wochenend- oder als Ferienerholungsgebiete, durch Lieferung reinen Wassers, z.T. durch Zufuhr kühler Frischluft, evtl. auch durch Lieferung hochwertiger Nahrung einen Ausgleich für die noch belasteten Verdichtungsräume zu schaffen. Der Umweltbericht der Bundesregierung 1971 hat diesen Begriff der "ökologischen Ausgleichsräume" zum ersten Male aufgenommen und auch die wirtschaftspolitischen Konsequenzen angedeutet. So sind dem Verdichtungsraum am mittleren Neckar um Stuttgart u.a. die ökologischen Ausgleichsräume des Schwarzwaldes, der Alb und des Bodenseegebietes zugeordnet. Die künftige Existenz und die Wachstumsmöglichkeiten des Verdichtungsraumes sind überwiegend abhängig von der Quantität und Qualität der Wasserlieferungen aus dem Bodensee.

Wir forderten, daß diese Ausgleichsräume "naturnahe" Kulturlandschaften sein sollten. Darunter verstehen wir eine vom Menschen gestaltete und genutzte Landschaft mit einem hohen Flächenanteil natürlicher oder naturnaher Lebensstätten und Lebensgemeinschaften. Das bedeutet in Mitteleuropa eine reich strukturierte und gegliederte Landschaft, durchsetzt von Wäldern, Feld- und Ufergehölzen, Hecken, Gewässern, mit einem relativ bunten Nutzungsmuster von

Feldern, Grünland, Wäldern usw., also einer Vielfalt von Ökosystemen. Dabei soll der Anteil der natürlichen bis naturnahen, reifen und stabilen Ökosysteme wie naturnaher Wälder, Moore, mancher Heiden und Trockenrasen relativ hoch, der der künstlichen, unreifen, instabileren Ökosysteme wie Halm- und Hackfruchtfelder, Kulturwiesen, Gärten, Forsten relativ niedrig sein. Die heute vorhandene reale Pflanzendecke steht der potentiell natürlichen Vegetation nahe. In der naturnahen Kulturlandschaft ist damit auch die Fähigkeit der Ökosysteme zu selbsttätigen Regulationen und die Pufferung gegenüber den Auswirkungen schädigender, wirtschaftlicher und technischer Eingriffe höher. Wenn dies auch nicht generell exakt nachweisbar ist, so wird dies doch von der überwiegenden Zahl der Ökologen als sicher angenommen (Odum 1968, 1969). So ist auch die Fähigkeit der Gewässer zur biologischen Selbstreinigung in der naturnahen Kulturlandschaft größer als in der naturfernen mit ihren labilen Ökosystemen.

Diese Vielfalt der Strukturen als Formelemente und Bedeutungsträger bedingt andererseits eine hohe natürliche Erholungseignung.

Wie muß ländlicher Raum aussehen und beschaffen sein, damit menschliches Wohlbefinden in psychischer und physischer Hinsicht möglich wird? Diese Frage ist für Landschaftspfleger, Landschaftsplaner und Naturschützer von ausschlaggebender Bedeutung, denn all unser Schützen, Pflegen, Planen und Neugestalten ist letzten Endes auf den Menschen bezogen. Es ist zugleich die Frage nach der Qualität als "Heimat" (vgl. Buchwald 1973). Der Physiognomiker und Soziopsychologe Willy Hellpach hat bereits im Jahre 1911 in seinem berühmten Werk "Geopsyche" darauf hingewiesen, daß bei aller Hochschätzung der physischen Heil- und Kurwirkungen der Landschaft sich wesentliche Erholungsfaktoren der Landschaft gerade im irrationalen Erlebnis der Natur verdichten - in den Erlebniswerten, in einer erlebnisreichen Landschaft. Die Landschaft als Träger und Vermittler von seelischen Erlebnissen, von in der Psyche des Menschen aufklingenden Erlebniswerten, gewinnt heute für die Erholung der Menschen steigende Bedeutung. Dabei spielt wiederum die Vielfalt im Haushalt, in den Strukturen und im Landschaftsbild eine wichtige Rolle.
Hans Kiemstedt (1967) geht von der Prämisse aus, daß die natürliche Erholungseignung eines Raumes abhängig sei von seinem Abwechs-

lungsreichtum und seiner Mannigfaltigkeit; kurz von seiner Vielfalt. Die Überprüfung der untersuchten Räume nach Besucherzahlen macht diese Prämisse in hohem Maße wahrscheinlich. Kiemstedt hat eine Methode entwickelt, um die natürliche Erholungseignung durch eine Kennziffer zu quantifizieren. Er nennt diese den "Vielfältigkeitswert" (V-Wert): Je höher der Wert, desto höher die natürliche Vielfältigkeit und damit die natürliche Erholungseignung. In diese Kennziffer gehen gewichtete Einzelwerte für das Klima, das Relief, die Buntheit des Nutzungsmusters und seiner Benutzbarkeit für Erholungsaktivitäten und der sog. Randeffekt der Wald- und Gewässerränder ein. So erhielten die offenen, kahlen, von Baum und Strauch ausgeräumten Landschaftsräume der Hildesheimer und Calenberger Börde mit ihren Weizen- und Zuckerrübenfeldern auf fruchtbaren Schwarz- und Parabraunerden nur Vielfältigkeitswerte von 2,8 - 3,0 Demgegenüber erhielt die abwechslungsreichere, durch ein buntes Nutzungsmuster und durch Waldstücke, Feldgehölze, Baumgruppen und Hecken reich strukturierte und gegliederte "Kulissenlandschaft" der Moor-Geest im Norden Hannovers trotz geringer Reliefenergie V-Werte um 3,5 - 4,0, der Naturschutzpark Lüneburger Heide von rd. 4,5, der Naturpark Harz (hohe Reliefenergie, Reizklima) Werte zwischen 4,5 und 7, die Ostfriesischen Inseln (hoher Randeffekt des Strandes, Reizklima) Werte von 7 - 10.

Die Methode befindet sich in weiterer Entwicklung und muß zweifellos für den Alpenraum noch wesentlich ergänzt und variiert werden. H. Jakob (1972) ist nun noch einen Schritt weiter gegangen. Er hat die Frage gestellt: Welches Bild der Landschaft bevorzugen Besucher und welches nicht? Welche Erlebniswerte verbinden Besucher mit bestimmten Bildern, die ihnen die Landschaft bietet? Welche Struktureigenschaften sind Ursache der Ablehnung oder Bevorzugung? In einer ersten Vorveröffentlichung berichtet Jakob über diese Arbeiten im hannoverschen Stadtwald Eilenriede. Er verwendet die psychometrische Methode des "semantischen Differentials". Besuchergruppen kennzeichnen dabei, mit z.B. 30 Adjektivgruppen gegensätzlicher Bedeutung wie "reich gegliedert" - "uniform", "hell" - "dunkel", "einladend" - "abweisend", "interessant" - "langweilig" die verschiedenen Waldbilder. Es zeigt sich dabei u.a. - wie auch bei früheren Untersuchungen anderer Autoren an Siedlungsbildern - daß sich Erlebniswerte von Waldbildern (Laubwald, Nadelwald,

Mischwald verschiedener Altersstufen) recht differenziert in Diagrammform fixieren lassen. Dabei werden insbesondere Aussagen zu Fragen der Bewertung von Uniformität bzw. vielfältiger Strukturierung deutlich.

Sicher ist das nur ein erster Ansatz, doch öffnet sich hier ein Weg, in der Landschaft erlebte Werte, also psychische, emotionale Werte zu erfassen. Von Bedeutung für die Landschaftsbewertung wird die Übertragung dieser Methode auf Landschaften sein, die aus mehreren Landschaftselementen wie Wiese, Feld, Gehölzgruppen, Waldstücken aufgebaut sind. Ferner wird die Klärung der Frage von größter Bedeutung sein, ob das Herkunftsmilieu der Besucher von Einfluß auf das Ergebnis der Beurteilung ist oder nicht.

Interviews und Befragungen der Besucher von Wäldern des Naturparks Solling in Niedersachsen durch H.H. Wöbse (1972) zeigen die Bevorzugung vielfältiger Wälder, insbesondere von Mischwäldern nach Form, Farbe und Lichtwerten. Auch in der freien Landschaft erscheint - wie in der Stadt - nach allem, was wir heute wissen, die vielfältige, abwechslungsreiche, erlebnisreiche Landschaft als die für menschliches Wohlbefinden und damit für die Erholung günstigste.

Wir haben nun erste Anhaltswerte, wie wir Landschaften zu bewahren oder neu zu gestalten haben, damit menschliches Wohlbefinden darin gesichert sei, damit ein Landschaftsraum zur "Heimat" werden kann. Aber noch in einem anderen Sinne ist der Kontakt zur außermenschlichen Natur, die immer wiederholte Berührung mit ihr und das Erleben naturnaher Landschaften und des Lebendigen in ihnen von Bedeutung für den modernen Menschen, nämlich für seine schöpferische, seine kreative Leistung. Der Basler Zoologe und Anthropologe Adolf Portmann (u.a. 1966) hat sich mehrfach mit dieser Frage befaßt - besonders unter der Bedingung, daß unsere Wohn- und Arbeitsumwelt immer künstlicher, immer naturferner wird.

Der geforderte Strukturreichtum ist heute vorwiegend auf die agrarischen Problem- und Rezessionsgebiete beschränkt, die stärker als die agrarischen Vorranggebiete die vorindustrielle Landschaftsstruktur erhalten haben. Aber: Nicht alle agrarischen Problemgebiete haben deswegen eine hohe natürliche Erholungseignung.

Andererseits können wir heute monotone Problemgebiete mit geringer realer natürlicher Erholungseignung durch landschaftspflegerische Maßnahmen in ihrer Attraktivität erhöhen: Durch sinnvolle Aufforstungen, durch Pflanzungen von Baumgruppen und Reihen, vor allem aber durch Schaffung von Wasserflächen (Kiesseen etc.). Wir können nicht einfach eine Glasglocke des konservierenden Naturschutzes über den Gürtel der Ausgleichsräume um die Ballungen stülpen und sie so in ihrer heutigen Landschaftsstruktur erhalten. Wir kommen nicht darum herum, sobald wie möglich "Entwicklungsmodelle der Agrar- und Landschaftsstruktur in agrarischen Problemgebieten zur Sicherstellung der neuen gesellschaftlichen Ansprüche an diese Räume zu erarbeiten. In den Problemgebieten wird eine neue Landschaft entstehen mit neuer Struktur und neuem Bild: Der Waldanteil wird fast durchweg höher werden, der Anteil an Grünland wird in vielen Gebieten auf Kosten des Ackerlandes steigen, extensiv genutzte Flächen wie Trockenrasen und Heiden können wieder an Fläche zunehmen. Das gilt in der Bundesrepublik für die Niederungsgebiete mit hohen Grundwasserständen, große Teile der nordwestdeutschen Geest auf ärmsten pleistozänen Sanden, die meisten Mittelgebirgslagen und den Alpenraum.

Das Ausmaß und die Geschwindigkeit des Struktur- und Nutzungswandels im ländlichen Raum bringt aber nicht nur Nachteile, sondern auch die einmalige Chance einer Umgestaltung, insbesondere der agrarischen Problem- und Rezessionsgebiete, für neue Nutzungsansprüche einer sich wandelnden Gesellschaft: Einmal werden Flächen aus der landwirtschaftlichen Nutzung entlassen und stehen so für neue Nutzungen zur Verfügung; zum anderen wird Bodeneigentum mobil, verkäuflich, verpachtet und kann evtl. in den Besitz der öffentlichen Hand oder von sozialen Trägergesellschaften gebracht werden.

Als solche neuen Nutzungen kommen in Frage:

1) Nutzung für Freizeit und Erholung als Grundnutzung wie z.B. für Liegewiesen, Spielplätze, Parkplätze, Campingplätze, Badeseen, Segelflugplätze, Reitbahnen etc.,

2) großflächige extensive landwirtschaftliche Nutzung (Schafweide auf Trockenrasen, Heiden, aber auch Getreidebau),

3) Aufforstungen unter Berücksichtigung von 1),

4) Sicherung von Wassergewinnungsgelände,

5) "Verwildern nach Plan", d.h. planmäßige Freigabe von Flächen

für die natürliche Sukzession der Pflanzendecke, evtl. Übernahme als Naturschutzgebiete.
Hierbei ist das Bracheproblem in seinen Auswirkungen ökologischer und ästhetischer Art zu berücksichtigen (Bierhals und Scharpf 1971, Buchwald 1971).

Aus dem bisher Gesagten wird deutlich, daß in vielen unserer ländlichen Gebiete, vor allem in den agrarischen Problemgebieten, folgende Faktoren sich ändern:

Die Agrarstruktur,
damit die Flächennutzung und auch
die Struktur, das Bild und der Haushalt der Landschaft,

wobei zugleich ein neuer Nutzungsanspruch, auf Nutzung für Erholung und Freizeit, auftritt und berücksichtigt werden muß.

Es kommt deshalb darauf an, in Modelluntersuchungen in agrarischen Problemgebieten diese Verflechtung zwischen sozialen, ökonomischen, landschaftsökologischen und landschaftsstrukturellen Entwicklungen zu klären und für die Planung und Neugestaltung auszuwerten.

III. Zum 3. Themenkreis: Welche Aufgabenstellung haben Landschaftspflege und speziell die Landschaftsplanung im Rahmen einer ökologisch orientierten Raumordnung?

Begriff, Aufgaben und Entwicklungstendenzen der Landschaftspflege

Der Begriff "Landschaftspflege"

Unter Landschaftspflege verstehen wir den Schutz, die Pflege und die Entwicklung der Naturausstattung von Landschaften mit dem Ziel optimaler und nachhaltiger, materieller wie immaterieller Leistungen für die Gesellschaft. Mit dieser Definition ist das Ausgleichsprinzip der Landschaftspflege angesprochen, nämlich des Ausgleichs zwischen dem begrenzten Potential der Naturausstattung der Landschaft und den Ansprüchen der Gesellschaft. Die Schutz-, Pflege- und Entwicklungsmaßnahmen beinhalten eine Steuerung des Ökosystems und eine Gestaltung der Strukturen der Naturausstattung der Landschaft. Damit wird deutlich, daß sich die sozialräumliche Teilaufgabe "Landschaftspflege" im Gegensatz zur übergeordneten Raumordnung lediglich auf die natürlichen Lebensgrundlagen der Gesellschaft, nämlich die Naturausstattung in ihrer wirtschaftlichen, sozialen und kulturellen Bedeutung bezieht. Der Schwerpunkt der landschaftspflegerischen Tätigkeit liegt in der freien Landschaft.

Landschaftspflege ist demnach eine planerisch-gestalterische Disziplin auf ökologischer Grundlage.

Gegenwärtige Probleme, Aufgaben und Entwicklungstendenzen

Der Strukturwandel von Gesellschaft und Wirtschaft in Verbindung mit gesteigerten technischen Möglichkeiten und neuen Ansprüchen der Gesellschaft bei wachsender Bevölkerungszahl bedingen einen schnell fortschreitenden Nutzungswandel der Landschaft. Dieser führt bei ungenügender Ordnung, fehlendem Schutz und mangelnder Pflege zur Entwertung bzw. zur Zerstörung für die menschliche Existenz wesentlicher natürlicher Landschaftselemente oder Landschaftsteile (u.a. Luft- und Gewässerverschmutzung, Verringerung der als Trink- und Brauchwasser verwendbaren Wasservorräte, Denudation, Rinnenerosion und Deflation des Bodens, Zerstörung landschaftsökologisch wie wissenschaftlich wichtiger und oft unersetzlicher Landschaftsteile und Lebensgemeinschaften, Beeinträchtigung der natürlichen Erholungseignung von Landschaften durch bauliche, technische und wirtschaftliche Eingriffe) und damit der materiellen wie immateriellen Leistungen der Landschaft für die Gesellschaft. Diese Entwicklung erfordert nicht nur ganz allgemein einen erhöhten Umfang landespflegerischer Tätigkeit auf dem Gebiet der Landschaftspflege einschließlich des Naturschutzes wie der Grünordnung, sondern vor allem die planerische Mitarbeit bei allen raumverändernden und -ordnenden Planungen (Bundes-, Landes-, Bauleit- und Fachplanungen) in Form der Landschaftsplanung. Zu den bisher im Vordergrund landschaftspflegerischer Arbeit stehenden pflegend-gestaltenden Einzelmaßnahmen, wie der Gestaltung und Bepflanzung von Straßen und Gewässern, der Pflanzung von Flurbäumen, den Schutzpflanzungen, der Haldenbegrünung, der Eingrünung und Mitwirkung bei der Gestaltung von Aussiedlerhöfen, von technischen Anlagen wie Industriebetrieben, Kraftwerken, Stauseen usw., stellt sich immer dringender die Aufgabe, die Ordnung und Entwicklung ganzer Landschaften unter landespflegerischen Gesichtspunkten sicherzustellen.

Zur Arbeit am Einzelobjekt und in kleineren, überschaubaren Räumen (Gemeindegebiet) tritt in zunehmendem Maße also die Tätigkeit in größeren Räumen (Region, Land). Damit treten hinsichtlich der Planungsarten zur Objektplanung die Planung größerer Räume, zur Detailplanung die Rahmenplanung. In landschaftspflegerischem Planungsbeitrag bedeutet das die Entwicklung von der landschaftspflegerischen Detailplanung und dem Landschaftsplan zum Landschaftsrahmenplan und Landschaftsprogramm. Je stärker und vielschichtiger der Druck auf die Landschaft wird, umsomehr weitet sich die Tätigkeit der Landschaftspflege, aber auch die auf dem Gebiet des Naturschutzes und der Grünordnung aus. Es gibt heute keinen Bereich der Landschaft mehr, der nicht der pflegerischen Betreuung und insbesondere der pfleglichen Nutzung bedürfte.

Arbeitsmethodik der Landschaftspflege

Die Arbeitsmethodik der landespflegerischen Teilgebiete hat sich für den Bereich der freien Landschaft und der städtischen Räume differenziert entwickelt (vgl. Übersicht 1).
Im folgenden wird die Methodik der Landschaftspflege und des Naturschutzes in der freien Landschaft dargestellt. Der Arbeitsablauf im Beitrag der Landschaftspflege und des Naturschutzes zur Raumplanung umfaßt neun Phasen (Übersicht 2). Landschaftsplanung im Sinne des in Übersicht 2 wiedergegebenen Planungsablaufes ist einmal Fachplanung, da sie unter einem bestimmten Aspekt, nämlich dem landschaftspflegerisch-ökologischen, untersucht, bewertet und plant. Zum anderen ist sie eindeutig auch insofern Gesamtplanung, als sie versucht, andere Planungen und die von ihnen vorgeschlagenen Nutzungen unter dem landschaftsökologischen und -strukturellen Gesichtspunkt einer optimalen und nachhaltigen Leistung der Gesamtlandschaft zu integrieren, aufeinander abzustimmen (vgl. hierzu auch Langer und van Acken 1971).

Dies erscheint als die zentrale Aufgabe der Landschaftsplanung: Die Abstimmung bzw. Integration der verschiedenen Nutzungen eines Planungsraumes in ihrem Nebeneinander und ihrer Überlagerung (z.B. von landwirtschaftlicher und forstlicher Nutzung durch Erholungsnutzung; vgl. das Beispiel Benther Berg) unter ökologischen und strukturellen (gestalterischen) Gesichtspunkten, so daß bei einem Minimum gegenseitiger Beeinträchtigung eine optimale und

Übersicht 1:

Schutz und Entwicklung der natürlichen Umwelt (Landespflege): Arbeitsbereiche und Aufgabenkatalog

<table>
<tr><td>Räumliche Wirkungsbereiche:</td><td colspan="2">Freie Landschaft (Außenbereich)</td><td>Siedlungsbereich (Baubereich)</td></tr>
<tr><td>Arbeitsbereich:</td><td colspan="2">Landschaftspflege</td><td>Grünordnung</td></tr>
<tr><td></td><td colspan="2">Gegenstand der Untersuchungen, Planungen und Maßnahmen der Landschaftspflege ist vor allem die freie Landschaft als menschlicher Lebens- und Wirtschaftsraum in ihrer Naturausstattung, wie insbesondere die Bereiche, in denen ein Strukturwandel der Nutzung oder wirtschaftlich-technische Eingriffe in Struktur, Bild und Haushalt der Landschaft stattfinden. Diese sind unter anderem Gebiete der agrarstrukturellen Planung, der Flurbereinigung, der Entwicklung von Erholungsgebieten, Räume, für die Regional- und Bauleitplanungen, wasserwirtschaftliche, energiewirtschaftliche und Verkehrsplanungen oder Planungen von Schutzgebieten verschiedener Zweckbestimmung vorgesehen sind.</td><td>Gegenstand der Grünplanung, des Grünflächenbaues und der Grünflächenpflegen können sein: Gärten, öffentliche und private Grünflächen, wie Stadtgärten, Parks, Sportflächen, Verkehrsgrün, Industriegrün, Grünverbindungen, Grünzüge und Grüngürtel; ferner Park- und Campingplätze, Fest- und Dorfplätze, Naherholungsgebiete; Grünelemente wie: Pflanzungen zur Gestaltung und Gliederung von Grünflächen als Lärm- und Staubschutz, als Sichtkulissen usw.</td></tr>
<tr><td>Aufgabenkatalog
1. Untersuchungen:</td><td colspan="2">Grundlagenuntersuchungen, Landschaftsanalyse (Datenermittlung), Landschaftsdiagnose (Datenauswertung).</td><td>Grundlagenuntersuchungen, Grünanalyse (Datenermittlung) und Gründiagnose (Datenauswertung) in Zusammenhang mit städtebaulichen Untersuchungen.</td></tr>
<tr><td>2. Planungen:</td><td colspan="2">Aufstellung von Landschaftsprogrammen, Landschaftsrahmenplänen, Landschaftsplänen und Teilplänen.</td><td>Aufstellung grünplanerischer Programme. Grünpläne und Pläne für Einzelobjekte.</td></tr>
<tr><td>3. Maßnahmen:</td><td colspan="3">A. Schutz und Neugestaltung</td></tr>
<tr><td></td><td>Landschaftsbau / Lebendbau:

Ausführung der geplanten landschaftspflegerischen Maßnahmen zur Gestaltung der freien Landschaft mit toten und lebenden Baustoffen, Lebendbau zur Ufer- und Hangsicherung, Rekultivierung von Halden, Schutzpflanzungen als Wind-, Kaltluft-, Lärm- und Staubschutz, Straßen- und Gewässerbepflanzung, Pflanzung von Flurbäumen usw.</td><td>Schutz der Landschaft und ihrer Bestandteile:

Naturschutz
(im Sinne des RNG)
Schutz durch: Allgemeinen Landschaftsschutz, Landschaftsschutzgebiete, Naturschutzgebiete, geschützte Landschaftsbestandteile, Naturdenkmäler, Artenschutz, Pflege der Schutzgebiete.

Schutz von Landschaftsbereichen aus ökologischen Gründen (Landschaftspflegebereiche): Schutzwälder, Quell- und Wasserschutzgebiete, Flächen mit Schutzpflanzungen verschiedener Zweckbestimmung usw.</td><td>Grünflächenbau und Grünflächenpflege:

Ausführung der geplanten Einzelobjekte, wie Gärten, Grünflächen und Grünelemente auf Grund von Ausführungsplänen und Baubeschreibungen unter Verwendung toter und lebender Baustoffe. Pfleglicher Unterhalt und Weiterentwicklung.

Schutz von Grünflächen und Erholungsgebieten aus sozialen Gründen: Örtliche Grün- und Erholungsflächen, ortsnahe Erholungsgebiete, Erholungsräume von überörtlicher Bedeutung (unter anderem Naturparks).</td></tr>
<tr><td></td><td colspan="3">B. Technologischer Umweltschutz und pflegliche Bewirtschaftung</td></tr>
<tr><td></td><td>Pflegliche Nutzung der Landschaft und ihrer Elemente, wie Boden, Wasser, Luft, Pflanzendecke und Tierwelt, durch Bewirtschaftungsmethoden, die nachhaltige Leistungen in Land-, Forst-, Wasser- und Energiewirtschaft, bei Jagd- und Fischereinutzung sowie beim Erholungs- und Freizeitverhalten garantieren. Landschaftsschäden vermeiden beziehungsweise durch landschaftspflegerische und meliorative Maßnahmen die Erträge sichern und steigern (u. a. Schutz vor Erosion durch Wind und Wasser, vor kleinklimatischen Schäden, Erhaltung oder Neuschaffung von Regenerationszonen für die freilebende Tierwelt usw.).</td><td>Schutz einzelner Landschaftselemente vor Verschmutzung und Vergiftung (technologischer Umweltschutz).
Immissionsschutz (Abgase, Staub, Lärm).
Gewässerschutz für Meere, stehende Binnengewässer, Fließgewässer, Grundwasser.
Schutz vor Bioziden (u. a. Insektizide, Herbizide, Fungizide).
Schadlose Beseitigung fester Abfälle (Hausmüll, Industrieabfälle, Fahrzeugwracks usw.).</td><td>Sparsame Bewirtschaftung der nicht vermehrbaren Bodenschätze, wie:
- Steine und Erden,
- Grundwasservorräte,
- Kohle, Öl, Erdgas,
- Erze und Mineralien.</td></tr>
</table>

nachhaltige Leistung des Landschaftsraumes für die Gesellschaft erzielt werden kann. Die integrierende ökologisch-gestalterische Tätigkeit erfordert häufig bereits eine Gruppe von Landschaftsplanern mit differenzierten Spezialkenntnissen, mit der Fähigkeit, in ökologischen und strukturellen Systemen von Landschaftsräumen zu denken, die nötigen ökologischen und strukturellen Daten bei den verschiedenen Fachstellen abzufragen und planungsrelevant umzusetzen. Dieses Team wertet hierzu bereits eine Fülle von Einzeldaten aus, die ihnen von den verschiedensten Fachgebieten (Hydrologie, Bodenkunde, Vegetationskunde, Immissionsschutz etc.) zugeliefert werden. Es findet hier also ein Prozeß der Vorkoordinierung statt, in dem die heutige und künftige Flächennutzung unter ökologischen und strukturellen Aspekten überprüft und ein Konzept für die Flächennutzung und für landschaftspflegerische Maßnahmen im Landschaftsplan fixiert wird, so daß dieser vom Raumplaner als landschaftspflegerische Zielvorstellung - oder als fachliche Vorentscheidung der Landschaftspflege - mit den sozioökonomischen und soziokulturellen Zielen zu einer gesamtplanerischen Zielvorstellung koordiniert werden kann. Der Raumplaner auf verschiedensten Ebenen wäre kaum in der Lage, diese Vorkoordinierung selbst durchzuführen, d.h. die ökologischen und strukturellen Daten bei Fachbehörden und Spezialgutachtern gezielt abzufragen, auszuwerten, zu gewichten, zu koordinieren, um sie in ein raumplanerisches Konzept einzufügen. Es wird daher nötig, für diese Erarbeitung der Landschaftspläne als ökologisch-strukturelle "Vorkoordinierung" oder "Vorplanung" wahrscheinlich am sinnvollsten in Landesämtern für Umweltschutz an zentraler Stelle Abteilungen für Landschaftsplanung einzufügen.

Erläuterung der einzelnen Phasen des Planungsablaufes

1. Problemfeststellung. Einleitungsphase und Erfassung der landespflegerischen Probleme des Planungsraumes.
2. In der Landschaftsanalyse erfolgt die Bestandsaufnahme des zu untersuchenden Gebietes in seiner Naturausstattung und seiner Nutzung durch die Gesellschaft. Zusammenstellung und Aufbereitung aller mit der Problematik des Raumes zusammenhängenden Fakten (Datenermittlung.

Aufgabe der Bestandsaufnahme der Naturausstattung ist:

Übersicht 2:

Ablauf der Landschaftsplanung und Einfügung in eine gesamtplanerische Konzeption

Schritt	Inhalt	Teil
1. Problemfeststellung		1.-3. Grundlagenteil des Landschaftsplanes beziehungsweise Rahmenplanes
2. Landschaftsanalyse als Datenermittlung	unter anderem Trendanalyse Flächennutzung Ökologische und landschaftsstrukturelle Bestandsaufnahme des Raumes	
3. Landschaftsdiagnose als Datenauswertung	Ökologische und strukturelle Eignungsbewertung des Raumes für verschiedene Nutzungen in ihrem Nebeneinander sowie bei Überlagerung	
4. Erarbeitung eines Landschaftsprogrammes beziehungsweise Landschaftsplanes als landschaftspflegerische Zielvorstellung (künftige Flächennutzung unter ökologischen und gestalterischen Gesichtspunkten, Einzelmaßnahmen je nach Planungsebene)		4. Entwicklungsteil des Landschaftsplanes beziehungsweise Rahmenplanes

▽

Sozioökonomische und soziokulturelle Zielvorstellungen

5. Aufstellung der gesamtplanerischen Zielvorstellungen.
Detailliierung von Einzelmaßnahmen,
Überprüfung der Realisierbarkeit

5.-9. Gesamtplanung und deren Vollzug sowie Kontrollen

6. Entscheidung für ein Planziel (politische Entscheidung).

7. Durchführungsprogramm.

8. Planvollzug.

9. Kontrollen zu verschiedenen Zeitpunkten.

a) die Erfassung der Landschaftselemente als Landschaftsbildner bzw. als wirkender Landschaftsfaktoren (Oberflächenformen, Gesteinsaufbau, Böden, Klima, Gewässer, Pflanzendecke, Tierwelt) in Kartenform und in Daten sowie den wichtigsten Einzelkomponenten und deren Wirkungsgefüge;
b) wünschenswert ist in Zukunft die Erfassung des natürlichen Potentials der nach Ziffer a) erfaßten Landschaftselemente in qualitativer und quantitativer Hinsicht (unter anderem mögliche Produktivität an Biomasse, Eiweißwerten, Stärkewerten, Wasserschüttung, Wasserqualität usw.);
c) Erfassung von Beeinträchtigungen des natürlichen Landschaftspotentials durch menschliche Eingriffe in den Landschaftshaushalt ("Landschaftsschäden") wie der Entstehung von Deflation, Denudation, Kaltluftfluß, Gewässer- und Luftverschmutzung, Belastung durch feste Abfälle, Schäden durch Massentourismus usw. als anthropogen bedingter Funktionsstörungen des Landschaftshaushaltes hinsichtlich seiner Nutzungseignung für die Gesellschaft; Beeinträchtigung der Leistung von Landschaftselementen durch Nebeneinander und Überlagerung von Nutzungen;
d) Erfassung der strukturellen Raumgliederung der Landschaft;
e) Erfassung der Entwicklung der Natur- und Kulturlandschaft (Landschaftsgeschichte) einschließlich der Siedlungsgeschichte (hiermit Überleitung zur Erfassung der Nutzung durch die Gesellschaft).

Zur Bestandesaufnahme der Nutzungsformen durch die Gesellschaft werden nötig:
(1) die Erfassung der heutigen Flächennutzung des Gebietes, wenn nötig, auch der Besitzverhältnisse;
(2) Erfassung bestehender Schutz- und Vorrangflächen;
(3) Erfassung sich anbahnender und notwendiger Nutzungs- und Strukturänderungen (Trendanalyse) sowie hierauf bezogener Planungen (Fremdplanungen).
Die Arbeit der Landschaftsanalyse, insbesondere die Erarbeitung der vielfältigen Unterlagen, ist nur als Gemeinschaftsarbeit verschiedenster Fachgebiete zu bewältigen.

3. In der Landschaftsdiagnose wird das Ergebnis dieser Bestandesaufnahme aus landschaftspflegerischer Sicht ausgewertet (Datenauswertung im Hinblick auf eine Lösung der Problematik des Planungsraumes), das heißt:

a) es werden die Möglichkeiten und Grenzen der Nutzungen, insbesondere unter Berücksichtigung des Nebeneinanders und der Überlagerung, ihre Sicherung und Steigerungsmöglichkeit im Verhältnis zur natürlichen Leistungskraft (Naturpotential) der Landschaftsräume und bereits aufgetretener oder möglicher Landschaftsschäden beurteilt (auch bei dieser Beurteilung der Nutzungseignung für Land-, Forst-, Wasser- und Energiewirtschaft, Bebauung und Erholung bzw. deren Überlagerung bedarf es meist einer Beratergemeinschaft);
b) es wird zu Fehlentwicklungen der Nutzung und Gestaltung der Landschaft, wie unter anderem Zersiedlung, nicht eingebundenen technischen Anlagen, Müllplätzen, Kiesgruben, Aufforstungen, Änderungen der Bestockung, Entwertung von Erholungsgebieten usw. Stellung genommen (Phasen 1 bis 3: Grundlagenteil des Landschaftsplanes).

4. Aufbauend auf der Diagnose werden die landschaftspflegerischen Zielvorstellungen als fachliche Vorentscheidung der Landschaftspflege entwickelt. Damit wird der ökologische und gestalterische Rahmen, die künftige Nutzungsverteilung gegeben, werden Vorschläge zur künftigen Flächennutzung und für Schutz-, Pflege- und Gestaltungsmaßnahmen gemacht sowie Stellungnahmen zu Fremdplanungen aus landschaftspflegerischer Sicht abgegeben (Entwicklungsteil des Landschaftsplanes).

Diese Darstellung wurde früher "Landschaftspflegeplan", heute in Angleichung an das niederländische Wort "landschapsplan" und das englische "landscape-plan" "Landschaftsplan" genannt.

Die Landschaftsplanung ist durchführbar als Landschaftsprogramm, als Landschaftsrahmenplan, als Landschaftsplan oder durch Teilpläne. Sämtliche Formen der Landschaftsplanung sind Beiträge der Landschaftspflege und des Naturschutzes zur Raumordnungsplanung der Länder, der Bauleitplanung der Gemeinden und zu den Fachplanungen.

5. Aufstellung der gesamtplanerischen Ziele, Einbeziehung der Landschaftsplanung in die Raumplanung der Länder, die Bauleitplanung der Gemeinden und die Fachplanungen. Wird der Landschaftsplan bzw. Landschaftsrahmenplan in diese Planungen als Ganzes oder in Teilen einbezogen, so nimmt er an deren Rechtswirksamkeit teil.

Dasselbe gilt für den Grünordnungsplan im Rahmen der Bauleitplanung. Die Entscheidung darüber, welche landschaftspflegerischen Vorschläge, Stellungnahmen und Kriterien nunmehr z.B. im Regionalplan, in Bauleitplänen oder in Fachplänen berücksichtigt werden, ist wiederum das Ergebnis einer Gemeinschaftsarbeit des Landschaftspflegers und der Vertreter der technischen, wirtschaftlichen oder baulichen Interessen bzw. der Leiter der betreffenden Planungen, im Siedlungsbereich zwischen Städteplaner und Grünplaner.

6. Entscheidung für ein Planziel (siehe oben).

7. Durchführungsprogramm, in dem Zeitablauf, Umfang und Art der für die Ausführung nötigen Mittel und Stellen festgelegt werden.

8. Planvollzug. Die Ausführung der landschaftspflegerischen Planungen als Teil der Gesamtplanung erfolgt durch die verschiedensten Behörden und Fachstellen oder wird von ihnen veranlaßt. Der vom Landschaftspfleger selbst ausgeführte oder veranlaßte Teil umfaßt unter anderem: Maßnahmen des Schutzes durch Ausweisung von Natur- und Landschaftsschutzgebieten, Sicherung als Naturdenkmäler usw., Pflegemaßnahmen, Maßnahmen der Neugestaltung (Landschaftsbau und hierunter insbesondere Maßnahmen des Lebendbaues). Der Planvollzug setzt voraus die Durchführung bestimmter Ordnungsmaßnahmen in der Landschaft, wie Umlegungen, Enteignungen, Nutzungsbeschränkungen einschließlich der Gewährung von Entschädigungen als Voraussetzung der Verwirklichung der Landschaftsplanung.

9. Kontrollen sind im gesamten Planungsablauf bis zum Planvollzug erforderlich, so z.B. zur Anpassung der landschaftspflegerischen Ziele an neu auftretende Voraussetzungen, zur Berücksichtigung weiterer fach- und gesamtplanerischer Alternativen oder zur wiederholten Abstimmung zwischen Durchführungsprogramm und Planvollzug.

Das Beispiel Benther Berg

Um die spezifische Problematik der Landschaftspflege und insbesondere der Landschaftsplanung deutlich zu machen, sei hier kurz das Beispiel Benther Berg dargestellt. Der Benther Berg ist ein bewaldeter Bergrücken von wenigen hundert Metern Breite und kaum 3 km Länge, der sich mit seinem Buchenhochwald und den Laub- und Nadelholzdickungen weithin sichtbar aus der kahlen Ackerbauland-

schaft westlich Hannovers erhebt. Nur 7 km vom Stadtzentrum, 3 km vom Stadtrand entfernt, verkehrsmäßig leicht zu erreichen und mit fünf Gaststätten besetzt, bildet er einen starken Anziehungspunkt für grünhungrige Städter. Es ist so nicht verwunderlich, daß sich auf dem Berg z.B. an schönen Pfingsttagen Menschenmengen von 40.000 und mehr konzentrieren. Einer solchen Beanspruchung sind weder die Buchenhochwälder noch die gleichzeitig als Liegewiesen genutzten Schonungen gewachsen. Die zur Verdichtung neigenden Lößlehmböden der Wälder vertragen nicht den Tritt von Hunderten oder Tausenden. Gerade die Buche reagiert sehr empfindlich auf Bodenverdichtungen durch Ausbleiben der Naturverjüngung und Zuwachsminderung im Altholz. Die über hundert bäuerlichen Waldbesitzer sind aber auf einen Ertrag aus ihren Waldparzellen angewiesen. Es muß also dafür gesorgt werden, daß hier noch Waldbau möglich bleibt und doch den Erholungsansprüchen Genüge getan wird.
Hier wird der Zielkonflikt nicht nur zwischen zwei sich überlagernden Nutzungen, der forstlichen und der Erholungsnutzung, deutlich, sondern auch zwischen diesen Ansprüchen der Gesellschaft und der begrenzten Leistungsfähigkeit der Naturausstattung des Landschaftsraumes Benther Berg. Die Lösungsmöglichkeit liegt in einer Steuerung beider Nutzungen, welche optimale und nachhaltige Leistungen des Bodens und der Pflanzendecke sicherstellen kann.
Auf Wunsch beider Interessentengruppen, der Waldbesitzer wie der Vertreter der Erholungsuchenden, wurde für den Benther Berg und seine Umgebung ein Landschaftsplan aufgestellt, der alle Maßnahmen zur Steuerung und Ordnung des Besucherstromes, der Landschaftspflege und des Naturschutzes umfaßt und gleichzeitig den Waldbau in genügendem Umfange sicherstellt.

Aber selbst die vollständige Verwirklichung der im Landschaftsplan vorgeschlagenen Maßnahmen würde nicht ausreichen, wenn nicht gleichzeitig eine Entlastung durch andere Grüngebiete um die Großstadt erfolgte. Man hat deshalb im Rahmen eines Forschungsauftrages für den Großraum Hannover (Stadtregion) alle bestehenden und potentiellen Erholungsgebiete, ihre Erschließung und ihre spezifische Erholungseignung untersucht, um darauf aufbauend in einem Entwicklungsplan für die Erholungsgebiete die nötigen Ordnungs-, Steuerungs- und Pflegemaßnahmen vorschlagen zu können. Wenn wir als Zielvorstellung und Maßstab unserer Arbeit das seelisch-geistige, das körperliche und das soziale Wohlbefinden des Menschen setzen und seine Möglichkeiten zur genetischen, phänotypischen und kulturellen Weiterentwicklung, so stellt sich die Frage, wie unsere natürliche und gebaute Umwelt entwickelt werden muß, damit dieses Ziel erreicht werden kann.

Hierfür erscheinen drei Grundforderungen von besonderer Bedeutung:
1) Sicherung optimaler und nachhaltiger Leistungen materieller und immaterieller Art aller natürlichen Landschaftselemente für den Menschen.
2) Erhaltung und Gestaltung einer möglichst vielfältigen natürlichen und gebauten Umwelt.
3) Sicherung von Landschaftsräumen für zukünftige, heute noch nicht oder nur im Trend übersehbare Bedürfnisse der Gesellschaft.

Alle drei Grundforderungen fallen in den Arbeitsbereich der Landespflege oder erfordern doch einen wesentlichen landespflegerischen Beitrag, insbesondere auch der Landschaftspflege und des Naturschutzes.

Zur Frage der Vielfalt unserer Umwelt und der Art des Gleichgewichtes zwischen dem Ökosystem der Naturausstattung der Landschaften einerseits und der Gesellschaft andererseits muß folgendes bedacht werden: "Leben heißt auf Reize reagieren. Deshalb fördert die Umwelt die Entwicklung des Menschen am meisten, die genügend veränderbar ist, daß sie für ständige Anreize sorgen kann, vorausgesetzt, daß sie für das Reaktionsvermögen des Menschen nicht zu stark sind. Ob diese Anreize nun von physischen oder sozialen Kräften ausgehen, die Vielgestaltigkeit der Umwelt ist dabei unbedingt notwendig." (Dubos 1968)

Sind die Umweltbedingungen und Lebensgewohnheiten zu konstant, zu uniform und egalisiert, so werden sich nur die physischen und psychischen Eigenschaften der menschlichen Natur zeigen und entwickeln, die den gegebenen, eng begrenzten Umweltbedingungen angepaßt sind. Unser Ziel muß aber sein, unsere natürliche und gebaute Umwelt so vielfältig und abwechslungsreich wie nur irgend möglich zu erhalten und zu gestalten. Vorausgesetzt, wir hätten zu einem bestimmten Zeitpunkt genügend Kenntnisse und Einsicht, ein harmonisches ökologisches Gleichgewicht zwischen der Menschheit und den übrigen Komponenten der Biosphäre herzustellen, so könnte dieses immer nur ein dynamisches oder fließendes Gleichgewicht sein, damit es der ständigen Entwicklung des Menschen entspräche. Landschaftspflege und Naturschutz haben demnach die Aufgabe, das richtige Verhältnis zwischen den einzelnen Komponenten der Biosphäre und dem Menschen zu wahren, das heißt eine Umwelt zu erhalten oder neu zu entwickeln, die zur körperlichen und geistigen Gesundheit und Weiterentwicklung des Menschen beitragen kann.

"Um für die Zukunft planen zu können, muß man einen ökologischen Standpunkt vertreten, der sich auf die Annahme stützt, daß der Mensch auf Grund seiner schöpferischen Fähigkeiten ständig irgendwelche Veränderungen herbeiführen wird. Die ständige wechselseitige Beeinflussung zwischen dem Menschen und seiner Umwelt bedeutet notgedrungen, daß beide sich ständig verändern - diese Veränderungen müssen sich jedoch in den Grenzen bewegen, die durch die Naturgesetze (ökologische Grenzen) und die (für unseren Planungszeitraum gesehen) unveränderlichen biologischen und geistigen Charaktermerkmale des Menschen gesetzt sind." (Dubos 1968)

Daraus wird deutlich, daß die moderne Landschaftspflege und der Naturschutz nicht statisch aufgefaßt werden dürfen, das heißt nicht lediglich der pfleglichen Bewahrung eines bestehenden Zustandes dienen können. Sie dienen vielmehr dem ständigen dynamischen Ausgleich zwischen dem natürlichen Potential der Landschaft und den Erfordernissen des Menschen, der Entwicklung der Landschaften entsprechend den Notwendigkeiten einer sich wandelnden Gesellschaft, jedoch im Rahmen der humanökologischen, psychologischen und landschaftsökologischen Gesetze und Grenzen.

LITERATUR

Bierhals, E., und H. Scharpf (1971): Zur ökologischen und gestalterischen Beurteilung von Brachflächen. - Natur und Landschaft 46/2

Buchwald, K. (1969): Arbeitsmethodik der Landschaftspflege. In: Buchwald/Engelhardt, Handbuch f. Landschaftspflege und Naturschutz, Bd. 4, München

Ders. (1970): Landespflege. In: Handwörterbuch der Raumforschung und Raumordnung. 2. Aufl., 2, Hannover

Ders. (1970): Der Beitrag der Landespflege zur Landentwicklung; Konsequenzen aus dem Strukturwandel unserer Gesellschaft. In: Landentwicklung, Aufgaben und Möglichkeiten. Hess. Minister f. Landwirtschaft u. Forsten, Abt. Landentwicklung, Wiesbaden

Ders. (1971): Die Natur hilft sich selbst. - Zur Problematik von Brachflächen. In: Landbewirtschaftung ohne Agrarproduktion? Veröff.d. Agrarsozialen Ges. e.V. Göttingen, Hannover

Ders. (1972 a): Umwelt und Gesellschaft zwischen Wachstum und Gleichgewicht. - Raumforschung u. Raumordnung, 30. Jg., H. 4/5

Ders. (1972 b): Das Bodenseegebiet - Ausgleichs- oder Verdichtungsraum? In: Landespflege am Bodensee. Veröff.d. Deutschen Rates f. Landespflege 18, Bad Godesberg

Ders. (1973): Heimat für eine Gesellschaft von heute und morgen. - Zur Aktualität des Heimatbegriffes in einer mobilen Gesellschaft. - Natur und Land, H. 3, Jg. 1973

Dubos, R. (1969): Referat auf der UNESCO-Tagung "Man and Biosphere", Paris 1968. - UNESCO-Kurier 10., Januar 1969, Paris

Forrester, J.W. (1971): Alternatives to catastrophe. In: Ecologist. Vol. 1 (14/15)

Ders. (1972): Der teuflische Regelkreis. Stuttgart

Hellpach, W. (1950): Geopsyche (6. Aufl.; 1. Aufl. 1911). Stuttgart

Jakob, H. (1972): Zum Erlebnispotential von Waldbeständen. - Natur und Landschaft 6/1972

Kiemstedt, H. (1967): Zur Bewertung der Landschaft für die Erholung. - Beiträge zur Landespflege, Beiheft 1. Stuttgart

Langer, H., und D. van Acken (1971): Landschaftsplanung - Arbeitsrahmen zur Projektplanung. - Natur u. Landschaft 4/1971

Meadows, D., D. Meadows, E. Zahn und R. Milling (1972): Die Grenzen des Wachstums. Bericht des Club of Rome zur Lage der Menschheit. Stuttgart

Odum, E.P. (1968): Ökologie. München

Ders. (1969): The Strategy of ecosystem development. - Science 1969

Portmann, A. (1966): Der Mensch im Bereich der Planung. In: Mensch und Landschaft im technischen Zeitalter. München

Wöbse, H.H. (1972): Untersuchungen zum Nutzungs- und Bestandeswandel der Sollingwälder, die vom Urlauber bevorzugten Waldtypen und Folgerungen für die Planung. Diss. am Institut f. Landschaftspflege und Naturschutz der TU Hannover 1971

GEFÄHRDUNG UND ERHALTUNG VON BÖDEN

von Prof.Dr. E. Schlichting
Abteilung Allgemeine Bodenkunde der Universität Hohenheim (LH)

Starke Umweltbelastungen in einer Landschaft geben sich bereits dem Flora und Fauna beobachtenden Laien in einem Rückgang der Besiedlungsdichte oder in einem veränderten Artenbestand zu erkennen. Daher erweckt die öffentliche Diskussion oft den Eindruck, als sei z.B. die Vegetationskartierung ein bereits hinreichendes oder gar das einzige diagnostische Verfahren. Aber selbst wenn Zeigerarten oder spezifische Wuchssymptome berücksichtigt und die visuellen Befunde durch Analysen auf Mangel- oder Schadstoffe gesichert würden, bedürfte die Inventur des Organismenbesatzes der Ergänzung durch die Untersuchung der Standortselemente einer Landschaft (erdnahe Luftschichten, Gewässer, Böden). Einerseits werden damit biologische Befunde erhärtet, andererseits aber auch weiterführende Aussagen ermöglicht. Aus der Kenntnis der Schädigung von Organismen an einem bestimmten Ort und zu einer bestimmten Zeit kann ja noch nicht auf den zweckmäßigen räumlichen oder zeitlichen Ansatzpunkt für Umweltschutzmaßnahmen geschlossen werden. Das erlaubt erst die Kenntnis der Schadstoffflüsse zwischen den Standortslementen einer Landschaft (z.B. von Böden zu Gewässern) und der Schadstoffakkumulations- bzw. -mobilisierungsraten in ihnen (z.B. Böden).

Luftverunreinigungen sind oft schon sinnlich wahrnehmbar oder doch mit relativ wenigen Analysen für größere Räume feststellbar. Infolge der Flüchtigkeit dieses Mediums wirken sie sich schnell und direkt auf nahezu jedermann aus. Dank der Geschwindigkeit von Staubsedimentation oder Gasaustausch wirkt die Belastung aber nach Ausschalten der Kontaminanten nicht lange nach. Für Gewässerverschmutzungen gilt alles dieses nur noch in abgeschwächtem Maße. Belastungen von Böden sind dagegen nur in Extremfällen offenkundig. Sie müssen vielmehr meist durch - wegen der Heterogenität der Bodendecke - zahlreiche Analysen ermittelt werden. Sie berühren den Durchschnittsbürger auch deshalb bislang wenig, weil sie sich auf ihn nur indirekt und überdies erst langsam auswirken. Da dies aber um so nachhaltiger geschieht, je mehr die Böden ungünstige

Umwelteinflüsse zunächst abzupuffern vermögen, ist hier Sorglosig keit ebensowenig angebracht wie bei anderen Umweltbelastungen.

Im Landschaftsschutz begegnen sich emotionale und rationale Motiv Erstere heben mehr auf die Erhaltung bzw. Verschönerung des Landschaftsbildes ab. Daß Böden hier kaum als Naturkörper per se, son dern fast nur insoweit als schutzwürdig gelten, als sie Standorte und Lebensraum seltener Pflanzen und Tiere sind, wird der Bodenkundler bedauern, aber angesichts der stärkeren Bindung der meisten Menschen an Lebewesen verstehen. Letztere Motive heben mehr auf die Erhaltung bzw. Verbesserung der Landschaftsfunktionen ab. Aber auch hier erscheint das öffentliche Interesse an Landschafte mehr auf deren Erholungsfunktion und an Böden mehr auf deren Eige schaft "Bauerwartungsland" fixiert als auf die wirklich vitalen Funktionen.

Daß Böden Pflanzenstandorte sind und Quantität wie Qualität der Vegetation wesentlich bestimmen, ist so offenkundig, daß es keine weiteren Erläuterung bedarf. Fruchtbare Böden zeichnen sich dadurch aus, daß sie Wasser, Luft und Nährstoffe in mobilisierbarer Form speichern. Mit dem Begriff "Bodenfruchtbarkeit" verbinden viele Menschen heute aber die Vorstellung, daß er zwar die wirtschaftliche Lage von Acker-, Garten- und Waldbauern beträfe, kaum dagegen ihr eigenes Wohlergehen. Daß "Bodenfruchtbarkeit" und "Na rungsqualität" miteinander zu tun haben, sollte aber jetzt schon klar sein, ebenso, daß die Zeit der Agrarüberschüsse trotz aller Mobilisierung mariner Ressourcen und aller Entwicklung unkonventioneller Methoden der Pflanzenproduktion nicht ewig dauern wird, sollte sich nicht die fatalistische Prognose erfüllen, die Mensch heit werde ohnehin vergiftet sein, ehe sie verhungere. - Die zwei te vitale Funktion von Böden besteht darin, daß sie als Filterkör per Menge und Zusammensetzung der Wasservorräte - als Grundwasser wie offene Gewässer - in Landschaften regulieren. Im Vordergrund der Betrachtung in Natur- wie Kulturlandschaften stand bisher die Tatsache, daß sie Stoffe an das Abfluß-, Abzug- oder Sickerwasser abgeben. Bereits vor 50 Jahren erkannten Limnologen die enge Beziehung zwischen Bodengesellschaften und Seentypen verschiedener Landschaften, und heute wird der Beitrag der Düngung von Kulturböden zur rasanten Seeneutrophierung diskutiert, wenngleich oft sehr pauschal und wenig sachkundig. Die Tatsache, daß Böden zuge-

führte Stoffe speichern können, fand bislang weit weniger Beachtung, obschon dieser Filtereffekt die in Naturlandschaften allgemein geringe Eutrophierungsgeschwindigkeit erklärt und den Wirkungsgrad technischer Kläranlagen meist weit übertrifft. - Böden sind also - als Pflanzenstandorte - nicht nur Objekte, sondern - als belebte Filterkörper - auch Werkzeuge des Umweltschutzes (vgl. Schlichting 1972). Landschaftspflege muß also bei den Böden beginnen.
Böden können ihre Funktion in beiden Fällen um so besser erfüllen, je ausgewogener Speicherleistung und Zufuhren sind. Die Speicherleistung für Wasser und Luft hängt vom Bodengefüge ab, dieses im wesentlichen wiederum von Menge, Art und Verteilung der Humusstoffe und Tonminerale im Bodenprofil. Diese Bodenstoffe sowie Carbonate und Sesquioxide bestimmen auch weitgehend die Speicherleistung für Kat- und Anionen. Die Zufuhren zur Bodenlösung aus Mineralreserven und erdnahen Luftschichten sind bereits von Natur aus räumlich wie zeitlich sehr verschieden, mehr noch die durch Agrochemikalien und Siedlungsabfälle i.w.S., und gespeichert werden auch Stoffe, deren Akkumulation sich auf den Pflanzenwuchs in Böden ebenso ungünstig auswirken kann wie deren Zufuhr zu Gewässern. Böden werden also durch Verminderung der Speicherleistung oder durch Überhöhung der Zufuhren gefährdet. Fatal sind Langfristentwicklungen, die beides bewirken, und das ist in dicht besiedelten Gebieten im allgemeinen der Fall.

Allerdings sollte nicht übersehen werden, daß Veränderungen der Speicherleistung oder der Zufuhren über lange Zeiten auch Folgen natürlicher Vorgänge waren (z.B. von Relief-, Klima- und Besiedlungsänderungen), mehr noch, daß eine gezielte Verminderung der Speicherleistung und Erhöhung der Zufuhr vielerorts erst einigermaßen fruchtbare Böden entstehen ließ. Das sei am Beispiel eines nordwestdeutschen Heidepodsols demonstriert (s. Abb. 1): Verminderung der Wasserspeicherung im Oberboden begünstigt die Sickerung auf Kosten der Verdunstung und damit die Wasserversorgung der Pflanzen aus dem Unterboden oder die Auffüllung der Grundwasservorräte, und erst dank erhöhter Zufuhren (u.a. aus Industrieabfällen) kann der Nährstoffbedarf anspruchsvoller Pflanzen befriedigt werden. Auch heute noch gibt es Böden, bei denen unter Ausgleich spezifischer Standortsmängel die Wasserkapazität des Oberbodens

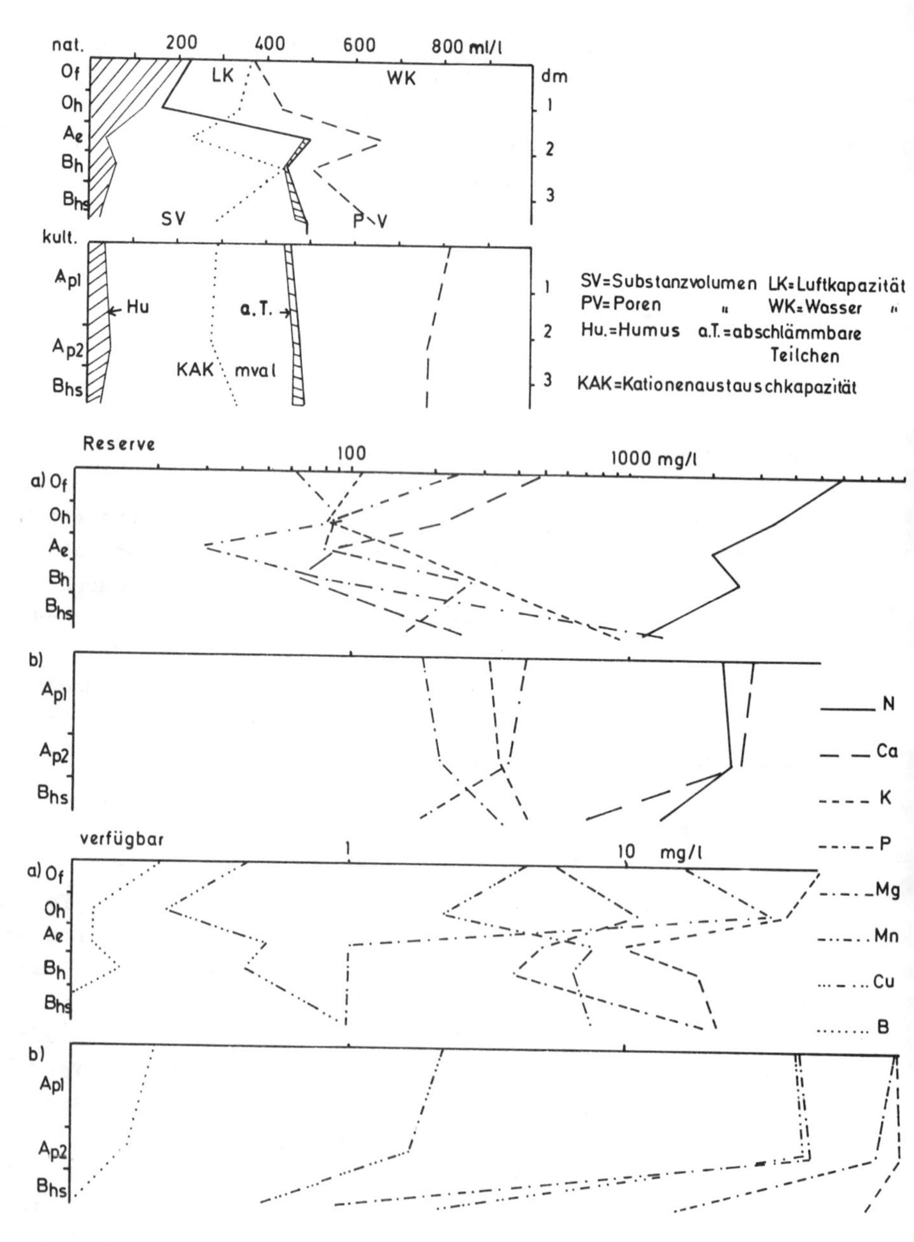

Abbildung 1:
Speicherleistung und Nährstoffakkumulation
in a) natürlichem und b) kultiviertem Heidepodsol

vermindert bzw. die Mineralstoffzufuhr erhöht werden könnte, wodurch die nutzbaren Grundwasservorräte zu erhöhen und Abfallstoffe zu verwerten wären. Es ist zu schnell in Vergessenheit geraten, daß die Umwelt auch durch Mangel belastet sein kann. Entgegen sich ausbreitender dogmatischer Auffassung ist neuartig und gefahrbringend nicht das Prinzip, sondern das Ausmaß. Um das deutlich zu machen, wäre es z.B. auch zweckmäßig, die sogen. Seeneutrophierung korrekter zu benennen, nämlich als Seenhypertrophierung.

Eine Verminderung der Speicherleistung der Böden einer Landschaft für Wasser und Ionen bzw. deren Nutzung durch Pflanzen kann vielerlei Ursachen und Folgen haben:

1. Überbauen mit Straßen und Häusern (anthropogene Sedimentation) bewirkt nicht nur Ausschluß der Vegetation und damit geringere Nahrungsproduktion auf dem Land und verschlechtertes Klima in der Stadt, sondern hat auch Einschränkung der Filterfläche zur Folge. Die Folgen für die stoßweise Belastung der Gewässer lassen sich noch relativ einfach abschätzen, wenn man bedenkt, daß die "Regenverdauung" vieler Böden durchaus 10 mm/h erreicht, bei deren Versiegelung durch Beton oder Asphalt auf einer Fläche von z.B. 2 km^2 in einer mittleren Stadt also 20.000 m^3 zunächst auf die Kanalisation und dann auf die Gewässer zuschießen. Weithin übersehen wird aber, daß durch Überbauen der Filtereffekt gerade an Stellen stärkster Verunreinigung wegfällt und damit die Gewässer enorm belastet werden. Hier sind genauere Untersuchungen dringend vonnöten.

2. Erosion von Oberbodenmaterial, die "klassische" und daher vielfach beschriebene Bodengefährdung, bedeutet einerseits eine nachhaltige Minderung der Speicherleistung und eine Fortfuhr der durch Pumpwirkung der Vegetation, atmosphärische Zufuhr oder Düngung akkumulierten Nährstoffe mit entsprechenden Folgen für den weiteren Pflanzenwuchs. Andererseits werden die Gewässer durch Abflußwasser mit solchen Stoffen belastet, die nur wenig durch Sickerwasser transportiert würden (z.B. Phosphate). Das betrifft auch alle durch überhöhte Zufuhren im Oberboden angereicherten potentiellen Schadstoffe.

3. Gefügeschädigung durch Belastung oder Bearbeitung ist - weil weniger spektakulär - weniger allgemein bekannt als verbreitet. Übergang von Wald- oder Grünland- zu Ackernutzung beinhaltet neben

einer allgemeinen Erhöhung der Trophie immer die Gefahr verminderter Porosität und Aggregatstabilität (s. Abb. 2).

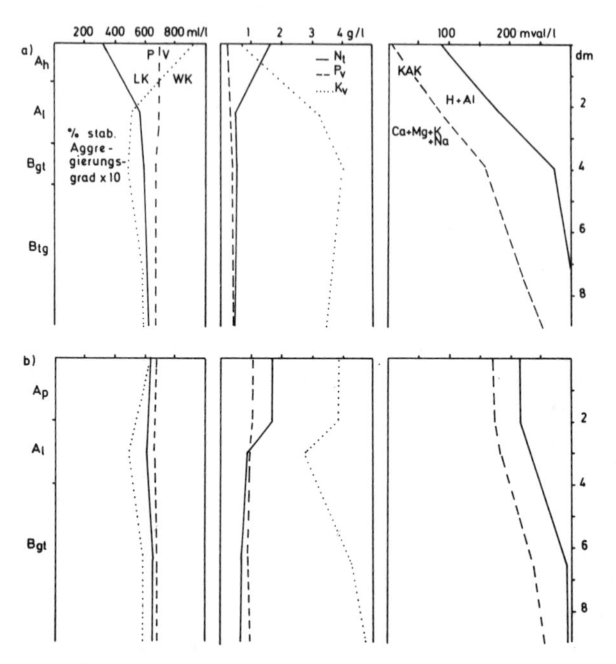

Abbildung 2:
Porung und Trophie zweier Filderlehm-Böden
unter a) Wald und b) Acker

Tendenzmäßig zieht das die bei Überbauen geschilderten Nachteile sowie eine erhöhte Erosion nach sich. Gefährdet sind insbesondere Böden mit ohnehin ungünstigem Gefüge.

4. Humusabbau infolge Bearbeitung oder Entwässerung hat stark von den jeweiligen Standortsverhältnissen abhängige Auswirkungen auf Gefügestabilität und Wasser- wie Kationenspeicherleistung einerseits und auf die Anlieferung organisch gebundener Nährstoffe an Pflanzen bzw. Gewässer andererseits, so daß eine Generalisierung kaum statthaft ist. - Die Verminderung der Speicherleistung durch Abbau von Sesquioxiden oder gar von Tonmineralen ist ein weit langsamerer Vorgang.

5. Ladungsänderung von Ionenaustauschern infolge pH-Änderung kann dagegen die Ionenbindung kurzfristig ändern, z.B. infolge pH-Erhö-

hung durch basische Dünger die für Kationen verstärken und für Anionen vermindern und infolge pH-Senkung durch saure Dünger Umgekehrtes bewirken. Das ist insbesondere für die Abpufferung überhöhter Zufuhren an Schadstoffen von Belang.

Allgemein sind Ablauf und Folgen aller dieser Vorgänge relativ gut bekannt. Jede stärkere Verminderung der Speicherleistung beeinträchtigt den Pflanzenwuchs und entweder die Grundwasserspende oder den Filtereffekt. Optimale Landnutzung kommt also der Nahrungsproduktion wie dem Gewässerschutz zugute. Freilich gibt es auch extreme Situationen, in denen Umgekehrtes zu bedenken ist: Wenn in Trockengebieten die Niederschläge ohnehin für einen Pflanzenwuchs im Hügelbereich nicht ausreichen, kann sich der Abfluß zur Senke und damit die Speicherung in deren verdunstungsgeschützten Unterböden günstig auswirken. Und wenn in Siedlungsgebieten die Phosphatzufuhr zu den Gewässern ohnehin zu stark ist, kann sich die Erosion von sorbierenden Mineralen und damit die Sedimentation angereicherten Materials ebenfalls günstig auswirken (s. Wiechmann 1972). Besser wäre es natürlich, man könnte in diesen Fällen die Zufuhr an Wasser erhöhen bzw. die an Phosphat vermindern.
Überhöhte Zufuhren können aus verschiedenen Quellen stammen:

1. Aus Luftverunreinigungen, für die als Beispiel die Blei- und Zink-Emission eines Industriewerkes angeführt sei (n. Vetter und Mählhop 1971). Die Darstellung in Abb. 3 läßt erkennen, daß in

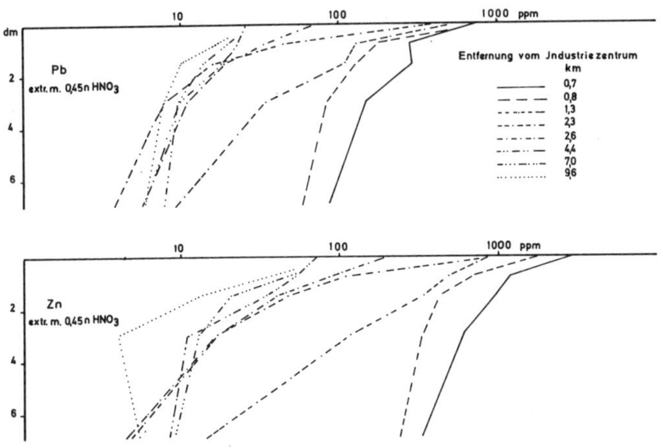

Abbildung 3:
Pb-und Zn-Gehalte von Böden in der Nähe eines Industriezentrums (n. Vetter u. Mählhop)

Werksnähe nicht nur die sorptionsstarken Oberböden, sondern auch die Unterböden kontaminiert sind, so daß mit einem Übertritt in das Grundwasser gerechnet werden muß. Auch Schäden an Pflanzen und Tieren wurden festgestellt. Nicht ermittelt wurde, ob diese Schäden bislang nur von direkter Immission herrühren oder ob auch schon mit der Aufnahme toxischer Mengen aus den Böden zu rechnen ist. Das wäre für Nutzungsempfehlungen für den Fall von Belang, daß die Kontamination gestoppt werden könnte.

2. Aus Siedlungsabfällen, wie für einige Spurenelemente in Abb. 4 a und b dargestellt ist. Im ersten Falle (n. Seiberth u. Kick 1970)

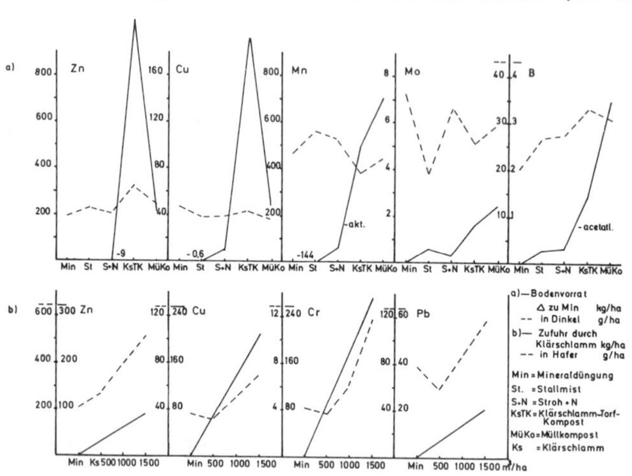

Abbildung 4:
Spurenelemente in Böden und Pflanzen
(n. Schäfer bzw. Seiberth u. Kick)

a) nach 12-jähr. Düngung in lehm. Braunerde - Pseudogley u. Dinkel

b) 2 J. nach Düngung v. sand. lehm. Podsol-Braunerde i. Hafer

ergeben sich z.T. beträchtliche Akkumulationsraten in dem Filderlehm-Boden, aber dank der Bindung an dessen Humusstoffe und Tonminerale bei höherem pH kaum gesteigerte Entzüge. Im zweiten Fall (n. Schäfer u. Kick 1970) steigern die Zufuhren zwar die Pflanzenentzüge, aber die Gehalte merklich erst bei der höchsten Dosis (bes. bei Zn). Aus den Daten läßt sich bei Annahme gleichbleibender Aufnahme errechnen, daß für den biologischen Entzug der höchsten Dosis beim Chrom 30.000, beim Kupfer 7.000, beim Blei 500 und beim Zink 300 Hafer-Ernten erforderlich wären.

Eine besondere Belastungsart ist die Verunreinigung von Böden mit pathogenen Keimen. Abb. 5 (n. Glathe u. Makawi 1963) zeigt, daß

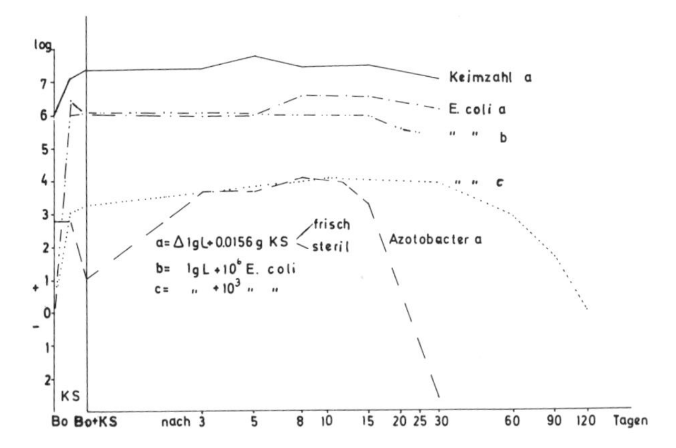

Abbildung 5:
Mikrobenbesatz nach Düngung mit Klärschlamm (KS)
bzw. Infektion (n. Glathe u. Makawi)

sich die Keimzahl in dem untersuchten Lehmboden zunächst noch über die Summe der Komponenten hinaus erhöht und dann langsam abfällt. Es entspricht ökologischer Erwartung, daß so leicht zu transportierende Organismen an einem für sie geeigneten Standort ohnehin verbreitet wären oder sich an einem ungeeigneten auf die Dauer nicht halten könnten. Angesichts der Gefährlichkeit der virulenten Phase sind aber mehr Untersuchungen über deren Dauer für verschiedene Keime unter den überaus verschiedenen Standortsbedingungen erforderlich.
Ein bisher erst in seinen Konturen zu erkennendes Problem ist die Verunreinigung mit höhermolekularen organischen Verbindungen, z.B. kondensierten Kohlenwasserstoffen.

3. Aus Agrochemikalien, insbesondere Pflanzenschutzmitteln. In Abb. 6 (n. Rieder u. Schwertmann 1972) ist die Cu-Akkumulation aus den im Hopfenbau verwendeten Fungiziden dargestellt. Man erkennt, daß Cu nur im Oberboden akkumuliert und dabei durch starke Bindung an Humusstoffe und Tonminerale bei höherem pH weitgehend inaktiviert wird. In Übereinstimmung mit diesem Schluß aus den Analysendaten war der Weizenwuchs in Keimpflanzenversuchen mit kontaminier-

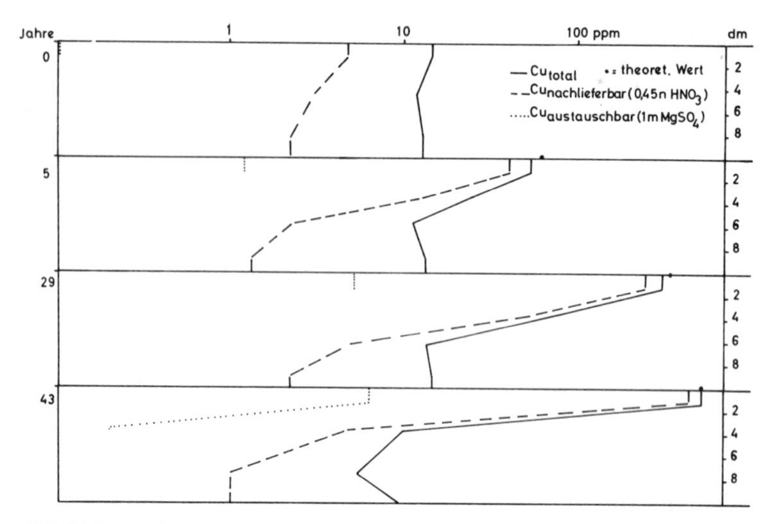

Abbildung 6:
Cu-Gehalte in lehmigen Braunerden nach unterschiedlich langem Hopfenanbau (Rieder u. Schwertmann)

ten Böden bis auf eine leichte Störung der Fe- und Mn-Aufnahme normal. Aus der Übereinstimmung zwischen den gefundenen und berechneten Werten ist auf eine proportional zur Zufuhr steigende Akkumulation in den Böden zu schließen.
Die Persistenz von Bioziden in Böden hängt von vielerlei Faktoren ab: von Menge und Art der Zufuhr, von Pflanzenaufnahme und Auswaschung (Klima, Bodengefüge), von der Sorption (bes. durch Humusstoffe und Tonminerale, in unterschiedlichem Maße pH-abhängig) sowie vom mikrobiellen wie chemischen Abbau, welch letzterer offenbar bedeutsamer ist als bisher angenommen wurde (vgl. Helling, Kearny u. Alexander 1971). Allgemein sind die Kenntnisse aber noch zu lückenhaft, als daß Aussagen darüber möglich wären, unter welchen Standortsverhältnissen jeweils welches Biozid mit dem geringsten Risiko einer Akkumulation verwendet werden könnte.

Allgemein sind Ablauf und Folgen dieser Vorgänge namentlich bei den resistenteren organischen Verbindungen weit weniger bekannt. Problematisch ist insbesondere, daß bei einer überhöhten Zufuhr starke Pflanzenaufnahme bzw. Auswaschung die Nahrungsproduktion und -qualität bzw. die Wasserqualität beeinträchtigen können, geringe Pflanzenentzüge und Auswaschungsraten aber bei fortgesetzter Zufuhr steigende Akkumulation in Böden bedeuten, ohne daß bis-

her die Schwellenwerte bekannt wären, oberhalb derer Pflanzen oder Gewässer geschädigt würden, möglicherweise selbst nach Ausschaltung der Kontamination.
Bodenerhaltung ist also nicht Selbstzweck im Sinne eines konservierenden Naturschutzes, sondern auf die Erfüllung vitaler Funktionen von Landschaften ausgerichtet. Bei einer durch Verwertung von Siedlungsabfällen in den aktiven Umweltschutz eingeschalteten und für die Nahrungsproduktion hinreichend intensivierten Bodennutzung sind mithin verschiedene Risiken gegeneinander abzuwägen. Das erfordert die Kenntnis der Belastbarkeitsstruktur der verschiedenen Landschaften, für die Bodendecke wiederum die Verbindung zwischen experimentellen Untersuchungen über die Auswirkung verschiedener Eingriffe in landschaftlichen Schlüsselpositionen und der genaueren Inventur der Struktur der Bodendecke durch eine Bodenkartierung. Die Investitionen auf diesem Gebiet sind jedoch bisher beklagenswert gering.

LITERATUR

Glathe, H., u. A.A.M. Makawi: Ztschr.Pflanzenernähr., Düng. Bodenkde 101, 109-121 (1963)

Helling, Ch.S., P.C. Kearny u. M. Alexander: Adv.Agron. 23, 147-240 (1971)

Rieder, W., u. U. Schwertmann: Landw.Forschung 25, 170-177 (1972)

Schäfer, K., u. H. Kick: Landw.Forschung 23, 152-161 (1970)

Schlichting, E.: Umschau i.Wissenschaft u.Technik 72, 50-52 (1972)

Seiberth, W., u. H. Kick: Landw.Forschung 23, 13-22 (1970)

Vetter, H., u. R. Mählkop: Landw.Forschung 24, 294-315 (1971)

Wiechmann, H.: Landw.Forschung 1972 (im Druck)

ABWASSER UND MÜLL - STAND UND PROBLEME
(Kurzfassung)

von Dipl.-Chem. Dr.-Ing. R. Wagner
Institut für Siedlungswasserbau und Wassergütewirtschaft der Universität Stuttgart (TH)

Erst in der allerneuesten Zeit beginnt man die Biosphäre als ein Ökosystem zu verstehen, das sich auf Grund der Reaktionsfähigkeit der in der Lithosphäre, der Hydrosphäre und der Atmosphäre verfügbaren chemischen Elemente bzw. ihrer Verbindungen und der biochemisch möglichen Reaktionsmechanismen seit Millionen von Jahren in einer Art von steady state, d.h. in einem relativ stabilen dynamischen Gleichgewichtszustand befindet, wobei dieser Gleichgewichtszustand durch die Energieeinstrahlung von außen und zahlreiche, z.T. auch lokale Randbedingungen definiert ist. Dieses System ist durch den Menschen mehr und mehr gefährdet, und zwar durch quantitative und qualitative Einflußgrößen.

Auf quantitativen Effekten beruhende Beeinträchtigungen ergeben sich durch die Vermehrung der Weltbevölkerung und insbesondere durch die als Folge der Industrialisierung mögliche und erfolgte Bildung von Verdichtungsräumen, die - sofern keine Gegenmaßnahmen ergriffen werden - zu einer örtlichen Überlastung der Umwelt mit zuweilen erheblichen Fernwirkungen führen. Das Problem der festen und flüssigen Abfälle wurde zuerst in den großen Städten (z.B. London, Berlin) akut, und die Forschung auf diesem Gebiet nahm von dort ihren Ausgang. Als Konsequenz dieser Bemühungen entwickelte sich die Technik der mechanischen und biologischen Abwasserreinigung, die nach neuesten Erkenntnissen durch Maßnahmen der Nährstoff-Elimination, der Teilentsalzung und der Entfernung resistenter organischer Stoffe ergänzt werden muß, wenn die Oberflächengewässer in einem weitgehend natürlichen Zustand erhalten bleiben sollen, der ihren Erholungswert und die Möglichkeit ihrer Nutzung zur Trinkwassergewinnung auch für fernere Zeiten garantiert.

Qualitative Beeinträchtigungen ergeben sich in der Industriegesellschaft dadurch, daß sie über vielerlei synthetische Produkte verfügt, die gegenüber den natürlichen Zersetzungsprozessen, die eine Rückgliederung in den Stoffhaushalt der Biosphäre ermöglichen würden, außerordentlich resistent sind. Es läßt sich - teilweise von der Herstellung und von der Anwendung her bedingt - nicht vermeiden, daß solche Stoffe als Produktionsabfall bzw. bei oder nach ihrem Gebrauch in die Umwelt (Wasser, Boden) gelangen. Auch wenn sie keine unmittelbare toxische Wirkung haben, weiß man doch noch allgemein viel zu wenig darüber, wo sie sich in der Natur, in Wasser, Boden, Pflanzen, Tieren, akkumulieren und sich möglicherweise über die Nahrungskette schließlich doch durch sehr erhebliche Folgeschäden bemerkbar machen können. Beispiele hierfür sind bekannt. Es ist eine permanente Aufgabe unserer Industrie, solche Hilfsstoffe zu entwickeln, die am Ort des Einsatzes die gewünschten Wirkungen hervorrufen, danach aber durch natürliche Abbauprozesse oder gezielte technische Maßnahmen zersetzt oder beseitigt werden können. Unsere Technik ist nicht vollkommen, solange sie ih Ziel nur darin sieht, möglichst elegante Herstellungs- und Anwendungsverfahren für ihre Produkte zu kreieren; sie kann sich der Aufgabe nicht entziehen, solche Stoffe und Verfahren anzubieten, die insoweit zu Ende entwickelt sind, als sie in der Umwelt keine Spuren hinterlassen. Solange es nicht zu vermeiden ist, nur solches Wasser wieder abzugeben, das durch den Gebrauch trotz zumutbarer Reinigung eine Qualitätsminderung erfahren hat, muß angestrebt werden, ein solches Wasser im internen Kreislauf wiederholt zu verwenden, um eine möglichst geringe Fracht auszutragen. Das gilt auch für Kühlwässer, deren Anfall besonders mit der Energieerzeugung eng verbunden ist.

Auch das Problem der festen Abfallstoffe - dazu gehören Müll und feste Rückstände bzw. Schlämme aus der Produktion und u.a. auch aus der Abwasseraufbereitung - muß unter dem Aspekt gesehen werden wie sie sich wieder in den natürlichen Stoffhaushalt eingliedern lassen. Hinzu kommt die technische Forderung nach Volumenreduzierung, weil sich diese Stoffe ja nicht wie das Wasser sozusagen von selbst an einen riesigen Ablagerungsort transportieren. Wegen der Notwendigkeit des Transports und gegebenenfalls der Unterbringung der Folgeprodukte ist auch die Standortfrage sehr wichtig. Die drei wesentlichen Möglichkeiten: Deponie, Kompostierung, Verbrennung, die z.T. auch nicht ganz frei von umweltbelastenden Momenten sind, erbringen die Angleichung an den natürlichen Stoffbestand unterschiedlich rasch; die Geschwindigkeit nimmt in der angegebenen Reihenfolge zu. Durch Verbrennung werden auch biologisch resistente Stoffe wieder eingegliedert.

Ein wesentliches Problem der Abfallwirtschaft in der Zukunft wird sein, Maßnahmen zur Reinhaltung der Umwelt mit einer Rückgewinnung von solchen Rohstoffen zu verbinden, deren Weltvorräte in natürlichen Anreicherungen zur Neige zu gehen drohen, weil diese sich nicht in der erforderlichen Geschwindigkeit nachbilden. Das gilt insbesondere auch für den Phosphor im Abwasser; denn die bis jetzt bekannten abbauwürdigen Phosphorvorräte werden in etwa 100 Jahren ausgebeutet sein.

UMWELTBELASTUNGEN IM BEREICH DER GROSSEN SEEN (NORDAMERIKA)

von Prof.Dr. Roger H. Charlier
Universität von Northeastern Illinois, Chicago
Universitäten von Bordeaux und Brüssel

Die Großen Seen, Oberer-, Michigan-, Huron-, Erie- und Ontario-See, die zusammen eine Fläche von 246.481 km^2 einnehmen, haben ein Einzugsgebiet von 764.568 km^2. Sie stellen das größte zusammenhängende Süßwasserbecken der Erde dar. Diese Seen sind von zunehmender verheerender Verschmutzung bedroht, denn ein Gürtel großer Städte, darunter die Millionenstädte Chicago und Detroit, säumt die Ufer im Süden. Obwohl schon vor einiger Zeit gemeinsame Anstrengungen zur Verminderung der Verschmutzung des Erie- und des Michigansees unternommen worden sind, ist das aquatische Leben des Eriesees ruiniert und der Michigansee ernsthaft gefährdet. Ob das Schwert des Damokles, das über dem Michigansee hängt, herunterfällt, ist eine Frage der Zeit und unverzüglicher Maßnahmen.

Acht Staaten der USA und eine kanadische Provinz führen Untersuchungen im Gebiet der Großen Seen durch. Die von der Regierung geförderten Programme sind in erster Linie ausgerichtet auf Verschmutzungsprobleme, Fischereiwesen, Naturschutz, biologische Fragen, Interaktion zwischen Atmosphäre und Seeoberfläche, Hochwasserschäden, Abflußvorhersage, Abfallbeseitigung und Erholung. Im Staat Illinois arbeiten 4 Dienststellen an diesen Programmen, in Wisconsin 6, in Indiana 5, in Pennsylvania 3 (wovon eine mehr internationalen Charakter hat), in Ohio 8, in New York 3, in Minnesota (in dem angeblich mehr als 10.000 Seen liegen) zwei und in Kanada 6, insgesamt also 38 staatliche Institutionen.

Die vor 10 Jahren gegründete "Great Lakes Commission" hat versucht, die Arbeiten zu koordinieren. Sie wirkt als Informationszentrum, permanente Beratungsstelle und Koordinationszentrale für die Erarbeitung von Programmen und Richtlinien, führt aber auch Untersuchungen auf dem Gebiet des Fischerei-, Handels- und Verkehrswesens durch. Der St.-Lorenz-Seeweg hat die Bedeutung der Kommission beträchtlich erhöht.

Das aquatische Leben des Eriesees ist vernichtet, und ohne sofortige Maßnahmen droht dem Michigansee ein ähnliches Schicksal.

Häusliche und Industrieabwässer haben riesige Gebiete vergiftet.
D.C. Chandler (1968) betonte, daß diese Vielzweckgewässer nur eine
kurze Lebensdauer haben werden, wenn sie weiterhin als Abfallsamm-
ler benutzt werden, vor allem angesichts der raschen urbanen und
regionalen Entwicklungen. Charakteristisch für alle Großen Seen
sei eine deutliche Verschlechterung der Wassergüte. Bemühungen,
die Verschmutzung unter Kontrolle zu halten, seien Stückwerk ge-
blieben, da jede politische Einheit versuche, ihr Problem auf ört-
licher Ebene zu lösen, ohne die Seen als Gesamtsystem zu betrachten.

Die Verschmutzung ist heute das Kernproblem für die Zukunft der
Großen Seen. Zwar ist die Gewässerverschmutzung als solche kein
neues Problem für die Menschheit, doch verunreinigt die moderne
Gesellschaft ihre Umwelt in einem zuvor nie gekannten Ausmaß. Damit ist das Wohlergehen des Menschen in höchster Gefahr, besonders
in so dicht besiedelten Gebieten wie am Michigansee. Im Gebiet des
Ontariosees gefährdet die verminderte Wassergüte den Fremdenverkehr. Abwasser, Eutrophierung, Sauerstoffmangel, bakterielle und
thermische Verschmutzung erfordern sofortige Maßnahmen an Ontario-
Onondaga- und Oneida-See. Der Eriesee ist das schlimmste Beispiel
menschlicher Fahrlässigkeit. Der Mensch hat den irreversiblen limnologischen Prozeß des Alterns durch das Abführen von Abfallpro-
dukten in den See in einem Höchstmaß beschleunigt. In den nächsten
20 Jahren müssen 1,5 Milliarden Dollar aufgebracht werden, um der
Verschmutzung dieses Sees Herr zu werden. Gotaas (1969) stellte
fest, daß der Eriesee weder tot noch unrettbar verloren ist.

Der Prozeß des Alterns von Seen kann vom Menschen beschleunigt
werden. Im Fall des Eriesees haben Abwässer eine Eutrophierung
verursacht, die zum Tod vieler nützlicher Lebewesen geführt hat
(vgl. Abb. 1). Doch der Eriesee steht keineswegs allein in dieser
dramatischen Situation; das Wachstum von Cladophora ist im südlichen Michigansee sehr üppig, ein idealer Zuchtboden für Myriaden
von Insekten, denen man natürlich mit Pestiziden zuleibe rücken
kann.

Bezüglich der thermischen Verunreinigung kam es schon ebenso zu
heftigen Warnungen wie im Hinblick auf Pestizide. Über die Pestizide werden sehr verschiedene Ansichten geäußert. Als Zeugen hierfür nenne ich J. Griffin, der behauptet hat, daß der Mensch in

seinem "Bemühen, einen Käfer zu töten, Fische, Vögel und andere Tiere vernichtete, seine Nahrung vergiftete und die ökologischen Bedingungen großer Gebiete störte oder zerstörte. Die Frage ist nun, ob er so erfolgreich zu Werke geht, daß er sich am Ende selbst vergiftet."

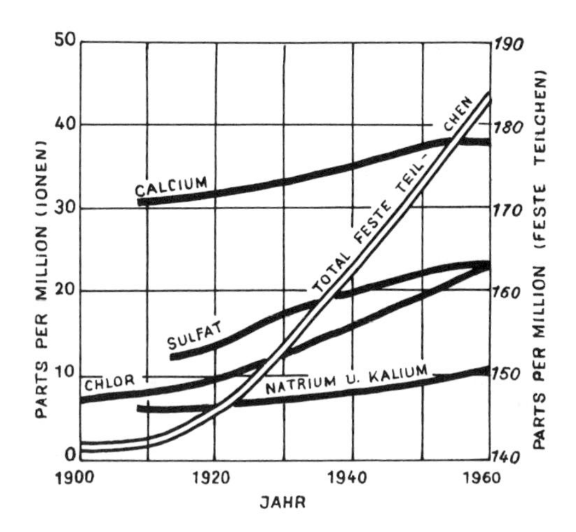

Abbildung 1:
Veränderungen einiger Ionenkonzentrationen und des Anteils an festen Teilchen im Eriesee

Bis etwa 1945 brachten Seeforelle und Weißfische der Fischerei eine Einnahme von mehreren Millionen Dollar jährlich (vgl. Abb. 2). Dann begann das Meeresneunauge (Petromyzon marinus limnaeus), ein Parasit, der mit der Fertigstellung des Wellandkanals 1932 aufwärts wandern konnte, die Bestände nahezu auszulöschen, zuerst im Huronsee, dann im Michigan- und zuletzt im Oberen See. Dadurch bekam der Alewife (Alosa pseudoharangus Wilson) an Übergewicht, was wieder zu einem großen Sterben, besonders im Michigansee führte. In gemeinsamer Forschung von Kanada und den USA wird das Neunauge mit einer Kombination von mechanischen Fallen, elektrischen Barrieren und Giften bekämpft, und man hat es jetzt unter Kontrolle. Staats- und Bundesregierung setzen fortwährend Seeforellen und andere Fischarten neu ein, um langsam wieder den früheren Bestand zu erreichen.

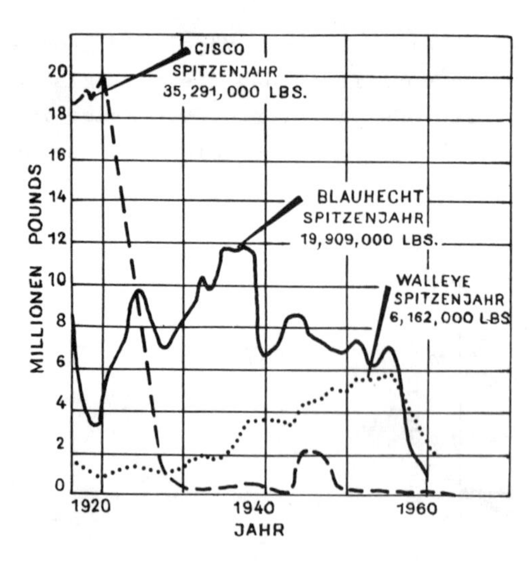

Abbildung 2:

Abnahme der Fischerträge im Eriesee
(in übergreifenden 5-Jahres-Mitteln)

Die wirtschaftliche Bedeutung der Großen Seen darf nicht unterschätzt werden; für über 5 Millionen Menschen hängt die Zukunft vo den Seen ab. In einem kürzlich vom U.S. Interagency Committee for Oceanography veröffentlichten Bericht wird erwähnt, daß große derzeitige Investitionen in die Zukunft des Große-Seen-Gebiets nicht nur im Interesse der Öffentlichkeit Nordamerikas sind, sondern daß sie auch wichtige Investitionen für das wirtschaftliche Wachstum des oberen Mittelwestens sein können. Es laufen z.Z. Untersuchungen über die Auswirkungen von Uferkonstruktionen und in den Seen gelegenen "Anlagen". Auf dem Reißbrett liegen Vorschläge für einen Flugplatz im Michigansee vor, obwohl dieser See während der vergangenen Dekaden schon beträchtliches Ufer- und Dünengelände verloren hat, vorwiegend durch Wohnungsbau und industrielle Expansion

Im Ontarioseebecken - ohne Buffalo (das seinen Beitrag zur Verschmutzung von Ontario- und Eriesee leistet) - wird bis zum Jahr 2020 eine Bevölkerungszahl von 6 Millionen erwartet, die doppelte Zahl von heute. Ohne abhelfende Maßnahmen werden 2 Dutzend amerikanische Gebiete zu Zonen mit verminderter Wassergüte, was den

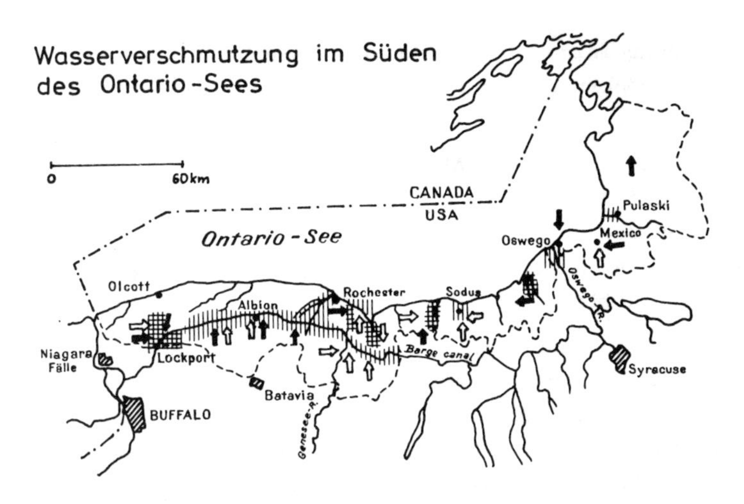

▦ Gebiete mit erheblich verschmutztem Wasser
‖ Gebiete mit mäßig verschmutztem Wasser
⇨ unbehandelte oder ungenügend behandelte Gemeindeabwässer
➡ unbehandelte oder ungenügend behandelte Industrieabwässer

Abbildung 3:
Wasserverschmutzung im Süden des Ontario-Sees

Tourismus außerordentlich gefährden wird, der heute mit 2,5 Millionen Feriengästen im Jahr 142 Millionen Dollar einbringt. Im Jahr 1960 wurden im Ontarioseegebiet 273 Millionen Dollar für Ferienreisen ausgegeben. Am 1. Juli 1968 gab es andererseits mindestens 38 Stellen mit Verseuchung durch kommunale und industrielle Abwässer auf der US-Seite des Ontariosees (vgl. Abb. 3). Die Mindestkosten für die Beseitigung dieser Schmutzquellen belaufen sich auf 187 Millionen Dollar. Von den 4 größeren Orten am See - Rochester, Buffalo, Syracuse und Niagara Falls - hat sich bisher nur Rochester zu einer festen Zahlung verpflichtet. Weitere 130 kleinere Orte, meistens ohne Kanalisation, sind ebenfalls betroffen.

Die Sache ist dringend: Der Onondagasee ist bereits seiner Erholungsgebiete beraubt, und allein er könnte jährlich 3 Millionen Menschen anziehen. Die Eutrophierung ist besonders für den Ontario- und den Oneidasee ein schwerwiegendes Problem. Sauerstoffmangel, bakterielle Verunreinigung und Abfallbeseitigung aus 2 neuen Kernkraftwerken vergrößern die ernste Gefahr für viele Teile des Bekkens.

Der Mensch hat den Prozeß des Alterns beim Eriesee besonders beschleunigt: Er hat den Eriesee um 15.000 Jahre älter gemacht. Um die von Kommunen und Industrie verursachte Vergiftung in den nächsten 20 Jahren unter Kontrolle zu bekommen, werden etwa 1,4 Milliarden Dollar benötigt.

Die Anreicherung von Nährstoffen ist das größte Einzelproblem des Eriesees, verursacht durch eine außerordentlich große Einleitung von Abwässern. Wichtige Nutzfische sind völlig verschwunden. Bakterielle Vergiftung, auf dem Wasser treibender Abfall und Pestizide gefährden die Wassergüte. Hitze, Ölrückstände, Chemikalien, giftige Metalle und Abfallbeseitigungsprozesse selbst tragen erheblich zur weiteren Verschmutzung des Sees bei. Einige Fischarten können im Eriesee gedeihen, sie wären jedoch gefährdet, wenn sie bei warmem Wetter in die kälteren Schichten absteigen würden. Der Eriesee ist nicht tief, und deshalb haben sich Abfälle auch auf seinem Grund angesammelt. Um ein Massensterben zu vermeiden, müssen starke Verschmutzungsverursacher aus dem See herausgehalten und sollten nur Fische mit hohen Temperatur- und Sauerstofftoleranzen eingesetzt werden.

Im Eriesee ist die Situation besonders kritisch, doch die Situation des Michigansees betrifft die größte Bevölkerungskonzentration im Gebiet der Großen Seen. Innerhalb der nächsten 50 Jahre wird sich die Bevölkerung dort verdoppeln. Haushalts- und Industriewasserverbrauch können sich verdreifachen und einen täglichen Bedarf von 82.000 m^3 erreichen. Außerordentliches Wachstum von Algen wie Cladophora trägt zum Ungleichgewicht des ökologischen Systems bei. Die Algen werden nicht geerntet; Insekten gedeihen daher sehr gut in dem verwesenden Material, das von den Wellen an die Ufer geworfen wird. Auch menschliche und tierische Abfälle gelangen in die Seen. Hinzu kommen Abfälle von Schiffen und Industrie sowie Pestizide. Außerdem wird das Wasser durch radioaktive Abfälle und Kühlwasser der Kraftwerke verunreinigt.

Graham hat 1970 ein anschauliches Bild vom Weg des DDT durch das ökologische System des Michigansees aufgezeigt. DDT wird über die

Felder gespritzt, und Teile davon erreichen über die Luft den See. Kürzlich erfolgte Messungen ergaben eine Konzentration von 0,014 ppm im See. Krabbenähnliche Tiere, die Schlamm vom Seegrund aufnehmen, enthielten 0,44 ppm. Fische, die sich von diesen Organismen ernähren, erreichten einen DDT-Anteil von 4,5 ppm. Möven, die solche Fische fressen, zeigten eine Konzentration von 100 ppm. Da Seevögel und Fische auch zum Speisezettel des Menschen gehören, nimmt dieser als Endglied der Kette eine Menge DDT zu sich, die nahe an eine Vergiftung heranreicht. Eine 7.000fache Vermehrung der Konzentration vom Grundsediment bis zum Wasservogel ist geradezu erschütternd.

Tourismus und Erholung sind am Michigansee ernsthaft in Gefahr; schon 1968 hat die Gesundheitsbehörde des Staates Illinois seine Strände für unter dem Standard liegend erklärt. Vier sind geschlossen worden, 31 weisen erhebliche Konzentrationen von Phytoplankton, Phosphaten und anderen Verunreinigungen auf. Eine katastrophale Situation für einen See mit 74 Erholungszentren! Die höchste Bevölkerungsdichte findet sich im südlichen Teil, wo die wenigsten Erholungsgebiete, aber die meisten Kraftwerke und die überwältigende Mehrzahl von Industrieanlagen zu finden sind.

Die heutigen Nährstoffkonzentrationen im Michigan- und Oberen See sind nicht sehr hoch. Algen nehmen diese Nährstoffe auf und geben Sauerstoff ab. Dies kann für die Wasserreinigung von Nutzen sein; nützlich ist es auch, wenn diese Algen von höheren Lebewesen als Nahrung aufgenommen werden. Übermäßiges Wachstum führt jedoch zu einer Vermehrung des organischen Abfalls. Da Algen aus 55 % Protein bestehen, könnten sie, wie in England und Japan, geerntet werden. Vor kurzem beendete Studien zeigen, daß auch der Rotbartschwamm zu Seereinigungszwecken herangezogen werden kann, denn er filtert Kolibakterien aus dem Wasser aus.

Menschliche Abfälle, die nur zu oft schlecht geklärt wurden, haben ebenfalls zur Verschlechterung des Wassers beigetragen. Sowohl im Michigan- wie im Oberen See, aber auch in den Hunderten von kleineren Seen in Minnesota und Wisconsin stieg der Gehalt von Koliformen daher ständig. Während die Industrie gemeinhin als der Bösewicht hingestellt wird, trägt auch die Landwirtschaft ihren Teil dazu bei. Die Viehwirtschaft in Minnesota bringt ein Abfallquantum auf, das dem von 66 Millionen Menschen entspricht. Was an tierischem Abfall in die Seen und Flüsse von Minnesota eingeleitet wird, entspricht dem menschlichen Abfall aller Bewohner von Iowa, Nebraska, Illinois, Michigan, Kalifornien, Texas, New York und einer Handvoll weniger bevölkerter Staaten.

Der Kolibakteriengehalt hat einen gefährlichen Grad erreicht, chemische und industrielle Verschmutzung sind vorherrschend; Sauerstoffmangel hat viele Nebenflüsse beeinträchtigt; Wärme und radioaktive Substanzen werden dem Wasser zugeführt; Baggergut wurde in großem Maße versenkt; tote Fische wurden an die Ufer geschwemmt, und der See hat sich zu einem Sammelbecken von Pestiziden entwikkelt - eine ernsthafte Gefahr für das ökologische System! Stoffe wie DDT haben im Michigansee den höchsten Anteil erreicht, verglichen mit allen anderen Seen der Vereinigten Staaten. Der Verlust an Fischen, Wasservögeln und Ufertieren wird in Kürze unermeßlich sein.

Das belgische Hygiene- und Seucheninstitut hat vor kurzem einen Bericht herausgegeben, aus dem hervorgeht, daß Rückstände von Schädlingsbekämpfungsmitteln ein nahezu unlösbares Problem geworden sind. Tatsächlich mußten vor einiger Zeit auf Anordnung der U.S. Food and Drug Administration 22.000 Pfund Coholachs aus dem Michigansee wegen des hohen DDT-Gehalts vernichtet werden.

Während der Eriesee in erster Linie unter der Vermehrung von Algen leidet und daran nahezu zugrunde geht, ist im Falle des Michigansees die industrielle Verschmutzung die Hauptursache. Sie ist manchmal zufälliger Natur, doch in vielen Fällen handelt es sich um eine fortgesetzte Verletzung sorgfältiger Abfallbeseitigungs-Verordnungen. Unglücksfälle, die sich in Industriefirmen ereignen können, vergrößern noch die Gefahren für die Umwelt. Ein Gerätefehler hat vor einiger Zeit im Chicagoer Betrieb von Procter und Gamble dazu geführt, daß 10.000 Gallonen Soyabohnenöl ausgelaufen sind und ihren Weg in den Michigansee gefunden haben. Die Zahl derartiger Unglücksfälle steigt. Fromme Ermahnungen von Regierungsangehörigen wie Carl L. Klein (zuständig für Wassergüte und -forschung im Innenministerium), an den Problemen hart zu arbeiten, stehen in merkwürdigem Gegensatz zu der Tatsache, daß Regierungsbehörden im Gebiet der Großen Seen keine Vorkehrungen getroffen haben, den Michigansee von Öl und anderen Verunreinigungen zu säubern.

Der Kampf gegen die Umweltverschmutzung wird auf nationaler Ebene sowie auf der Ebene der Einzelstaaten und Gemeinden geführt. Zu ihm gehören Forschung, Wassergütekontrollen und enge Zusammenarbeit. Alle Staaten haben Wassergütestandards erstellt, von denen einige ziemlich hoch sind. Restlose Abfallbeseitigung ist unrealistisch, doch eine Reduzierung kann und sollte unnachgiebig angestrebt werden. Der Mensch war in der Regel fähig, seine Umwelt unter Kontrolle zu halten, er muß nun entscheiden, wie Gotaas sagte, wieviel er für Gesundheit, Wohlergehen und Glück, das ihm eine Umweltverschmutzungskontrolle gewährleisten kann, bezahlen will (Pennsylvanian, Vol. 7, Nr. 1, p. 9).

Man mag sich manchmal fragen, ob der Mensch überhaupt einen Preis zu zahlen bereit ist. Die "Chicago Daily News" hat vor nicht langer Zeit geschrieben, daß keine Mittel vorhanden wären, das 4-Staaten-Antipollution-Gesetz zur Säuberung des Michigansees in Kraft zu setzen. Dieses Programm ist umfangreich und, wenn es jemals Früchte tragen wird, sehr wirksam. Auf der anderen Seite sind große Geldsummen für die Bekämpfung der Umweltverschmutzung vorgesehen. Allein der Staat New York hat nahezu eine Million Dollar für Algenforschung bereitgestellt.

Wir können es nicht zulassen, daß das größte Frischwassergebiet der Erde zu einer Senkgrube wird. Wir müssen die ökologische Erforschung der Großen Seen verstärken. Wir müssen außerdem ihre Benutzung beim Fischen, Zelten, Schwimmen und bei anderem Wassersport kontrollieren. Gemeinsame Anstrengungen vieler Stellen sind notwendig für die Erhaltung dieses limnologischen Erbes.

Dem plötzlichen Bewußtwerden der Umweltgefahren folgen Taten. In jedem Einzelstaat wurden Anstrengungen gemacht, der Verschmutzung Einhalt zu gebieten. Wenn wir uns nur auf den aquatischen Bereich des Staates Illinois beschränken, dann dürfen die 760-Millionen-Dollar-Antipollution-Anleihe des Staates und sein Umweltschutzgesetz nicht unerwähnt bleiben. Die Gefahr der künstlichen Wassererwärmung durch die Errichtung von Kernkraftwerken hat zum Bau von Kühltürmen geführt sowie zu einem Moratorium beim Bau weiterer solcher Kraftwerke. Während die Strafe für einen industriellen Umweltverschmutzer früher lediglich 200 Dollar betrug, liegt sie heute bei Tausenden von Dollars, was zu verhältnismäßig schnellen Aktionen seitens der Industrie geführt hat. Um das Ablassen von un- oder nur wenig geklärten kommunalen Abwässern in den Michigansee zu beenden, hat der Generalstaatsanwalt von Illinois Klage gegen die Stadt Milwaukee im Nachbarstaat Wisconsin erhoben. Mehr als 25 Bürgergruppen kämpfen gegen Umweltverschmutzung und halten mit strengem Auge Ausschau nach Verletzung der Gesetze. Ein anonymer Streiter hat sich in der Dunkelheit daran gemacht, die Ausflüsse jener Industriekonzerne zu verstopfen, die immer noch - entgegen den Verordnungen - ihre Abwässer in die Wasserläufe von Illinois leiteten. Sicherlich werden die Auswirkungen der neuen Gesetze und auch der auf allen Ebenen neu geschaffenen Stellen nicht sofort deutlich. Doch Verfügungen, wie das Verbot phosphathaltiger Detergentien, die Verwarnungen des Staates an seine eigenen Behörden - dem Sanitary District von Chicago wurde auferlegt, die Ableitung ungenügend geklärter städtischer Abwässer in die Seen zu beenden -, die hohen Strafen, die Informationskampagne der Öffentlichkeit und die schlechte "publicity" für einige Unternehmer werden zumindest zu einer Verbesserung der Lage beitragen. Geld, Forschung, praktische Lösungsversuche und öffentliche Selbstdisziplin bleiben jedoch die Hauptbestandteile der Rettungsaktion für die Großen Seen.

LITERATUR

Bureau of Outdoor Recreation, 1967: Water oriented outdoor recreation in the Lake Ontario basin. Ann Arbor (Michigan), U.S. Dept. of the Interior

Canada Centre for Inland Waters, 1969: Abstracts of Publications International Field Year for the Great Lakes. Burlington (Ont.), The Centre (P.O. Box 5050)

Carter, L.J., 1968: Lake Michigan Salmon help to redress the balance. In: Science 161, S. 551-555

Charlier, R.H., 1970: Crisis Year for the Great Lakes. In: New Scientist XLIV, 680, S. 593-596

Charlier, R.H., 1968: Oceanography and Limnology in the Great Lakes. Proc.Int.Congr. of Limnology, Jerusalem, Aug. 1968, XVII

Fish and Wildlife Service, 1966: Fish and wildlife as related to water quality of the Lake Michigan basin. Washington, U.S. Dept. of the Interior

Gotaas, H.B., 1969: Our choking lakes - a practical cure. In: Chicago Sun Times, May 18, II, S. 3-4

Graham, F., 1971: Seit dem "Stummen Frühling". München: Biederstein

Great Lakes Region - Federal Water Pollution Control Administration, 1967: Water pollution problems of the Great Lakes area. Chicago, U.S. Dept. of the Interior

Griffin, J., 1969: DDT - Coho scourge in lake and wildlife. In: Chicago Sun Times, May 25, S. 148

International Joint Commission, 1969: Report on the pollution of Lake Erie, Lake Ontario and the international section of the St. Lawrence River. Internat. Lake Erie Water Pollution Board & Int. Lake Ontario - St. Lawrence River Water Poll. Bd.

McKee, E.M., 1968: Mapping the bottom of Lake Michigan. In: Oceanology International III, 5, S. 32-33

Owney, C.R., & Kee, D., 1967: Chlorides in Lake Erie. Proceed. 10th Conf. on Great Lakes Research (Int. Assoc. Great Lakes Res.)

Owney, C.R., & Willeke, G.E., 1965: Long-term solids buildup in Lake Michigan water. Proceed. 8th Conf. Great Lakes Research, Univ. of Michigan

Sanitary Water Board (Illinois), 1968: Data book. Waste water treatment Works. Springfield, State of Illinois

Sanitary Water Board (Illinois), 1969: Lake Michigan 1968 Survey of water quality. Report to 76th General Assembly. Springfield, State of Illinois

Sanitary Water Board (Pa.), 1968: Water pollution control in the Pennsylvania portion of the Lake Erie basin. Harrisburg, Pennsylvania Dept. of Health

Smith, S.H., 1968: The alewife. In: Limnos I, 2, S. 1-9

Smith, S.H., 1968: Species succession and fisheries exploitation in the Great Lakes. In: Journal of the Fisheries Research Board of Canada XXV, S. 667-691

Tody, W.H., & Tanner, H.A., 1966: Coho salmon for the Great Lakes. In: Fish Management Report I, S. 1-37

LITERATURHINWEISE

Zusammengestellt von Dr. Jürgen Hagel

Zum Thema "Umweltschutz - Umweltpflege" liegt eine Fülle von Einzelveröffentlichungen der verschiedensten Art vor. Diese sind jedoch von unterschiedlichem Wert und zudem häufig nicht für die Verwendung im Unterricht geeignet oder verfügbar. Für die folgende Liste, die als Hilfsmittel für Lehrkräfte gedacht ist, sind deshalb in erster Linie solche Titel ausgewählt worden, die relativ leicht zugänglich sind, die zudem Ansätze für eine Verwendung im Unterricht enthalten und die eventuell auch Schülern in die Hand gegeben werden können.

Ant, H.: Verschmutzte Meere. Bild der Wissenschaft, 9. Jg., H. 2, 1972, S. 116-125

Bach, W.: Luftverunreinigung - Schäden, Kosten, Maßnahmen. Geogr. Rdsch., 20. Jg., 1968, S. 134-142

Böhlmann, D.: Müllgrube Meer?, Kosmos, 67. Jg., 1971, H. 7, S. 275-282

Breburda, J.: Bodenveränderungen in den sowjetischen Neulandgebieten unter dem Einfluß moderner Kulturmaßnahmen. Gießener Abh. z. Agrar- und Wirtschaftsforsch. d. europ. Ostens, Bd. 32, Wiesbaden: Harrassowitz 1965

Breburda, J.: Windschutzpflanzungen gegen Bodenverwehungen in der Sowjetunion. Geogr. Rdsch., 18. Jg., 1966, S. 148-152

Buchwald, K.: Umweltschutz und Gesellschaft. Naturschutz und Naturparke. Mitt. d. Vereins Naturschutzpark eV Stuttgart - Hamburg, 1. Vierteljahr 1971, H. 60, S. 1-16

Buchwald, K., u. W. Engelhardt (Hrsg.): Handbuch für Landschaftspflege und Naturschutz, 4 Bände. München/Basel/Wien: BLV 1968-1969

Deutsche UNESCO-Kommission (Hrsg.): Probleme der Nutzung und Erhaltung der Biosphäre. Köln: Deutsche UNESCO-Kommission 1969

Dörge, F.-W., u. Chr. Uhrhammer: Umweltprobleme durch Profitinteressen?, Gegenwartskunde, 20. Jg., 1971, S. 455-485

Egli, E.: Natur in Not. Gefahren der Zivilisationslandschaft. 3. Aufl., Bern/Stuttgart: Hallwag 1971

Ehrlich, P.R., u. A. Ehrlich: Bevölkerungswachstum und Umweltkrise. Frankfurt/Main: S. Fischer 1972

Fahrbach, G. (Hrsg.): Der Mensch in seiner Umwelt. Stuttgart: Fink 1970

Fels, E.: Der wirtschaftende Mensch als Gestalter der Erde. Erde und Weltwirtschaft, hrsg. v. R. Lütgens, Bd. 5, 2. Aufl., Stuttgart: Franckh 1967

Gräff, B., und H. Spegele: Wörterbuch des Umweltschutzes. Begriffe, Erläuterungen, Abkürzungen. Stuttgart: Franckh 1972

Habrich, W.: Umweltforschung in der Schule. Erfahrungen eines Obersekundakurses. Geogr. Rdsch., 24. Jg., H. 1, 1972, S. 30-33

Hagel, J.: Geographische Aspekte der Umweltgestaltung. Geogr. Rdsch., 24. Jg., H. 1, 1972, S. 20-29

Hamm, J.M.: Untersuchungen zum Stadtklima von Stuttgart. Tüb.Geogr Studien, H. 29, Tübingen: Geogr. Inst. d. Univ., 1969

Heyn, E.: Wasser. Ein Problem unserer Zeit. 2. Aufl., Frankfurt/M. Diesterweg 1970

Kayser, H.: Die Verunreinigung der Nordsee. Die Bedeutung häuslicher Abwässer für das Meer. Die Umschau in Naturwiss. u. Technik, 69. Jg., 1969, H. 10, S. 299-303

Klausewitz, W., W. Schäfer und W. Tobias: Umwelt 2000. Kl.-Senckenberg-Reihe Nr. 3, Frankfurt/Main: Kramer 1971

Klink, H.-J.: Geoökologie und naturräumliche Gliederung - Grundlagen der Umweltforschung. Geogr. Rdsch., 24. Jg., H. 1, 1972, S. 7-19

Knösel, D.: Gefahr für die "grüne Lunge". Bild der Wissenschaft, 8. Jg., 1971, S. 1023-1031

Knübel, H.: Naturschutz, Landschaftsschutz und Umweltschutz in der Bundesrepublik Deutschland 1970/71. Geogr. Rdsch., 23. Jg., 1971, S. 120, 122, 124

Löbsack, Th.: Müll. Kosmos, 67. Jg., 1971, H. 2, S. 53-62
" Lärm. Ebenda, H. 4, S. 154-160
" Unsere Gewässer verfaulen. Ebenda, H. 5, S. 192-199
" Die verpestete Luft. Ebenda, H. 8, S. 337-341
H. 9, S. 379-382

Lohmann, M.: Natur als Ware. Dokumente und Kommentare zu Streitfragen der Raumplanung. München: Hanser 1972

Meadows, D.H., u.a.: Grenzen des Wachstums. Stuttgart: dva 1972

Nicholson, M.: Umwelt - Revolution. München: Desch 1972

Odum, E.: Ökologie. München: BLV 1967

Offner, H. (Hrsg.): Die Zukunft der Landschaft in Europa. München: Hanser 1971

Olschowy, G.: Belastete Umwelt - gefährdete Umwelt. Das Wiss. Taschenbuch, München: Goldmann 1971

Presse- und Informationszentrum des Deutschen Bundestages: Umweltschutz (I). Wasserhaushalt, Binngengewässer, Hohe See und Küstengewässer. Zur Sache 3, 1971. Umweltschutz (II). Luftreinhaltung und Abfallbeseitigung. Zur Sache 3, 1972

Puls, W.W.: Umwelt - Gefahren und Schutz. Informationen zur politischen Bildung, Nr. 146, Bonn 1971, Neudruck 1972

Reichelt, G.: Anthropogene Veränderungen der Pflanzendecke und ihre Folgen an Beispielen aus Mitteleuropa. Math. Naturwiss. Unterr., 19. Bd., 1966/67, S. 61-71

Reimer, H.: Müllplanet Erde. Hamburg: Hoffmann & Campe 1971

Repenning, K.: Umweltschutz - eine Gemeinschaftsaufgabe. Schriften zur politischen Bildung, hrsg. v. W. Haseloff, Frankfurt/Main: Diesterweg 1972

Richter, G.: Bodenerosion. Schäden und gefährdete Gebiete in der Bundesrepublik Deutschland. Forsch. z. dt. Landeskunde, Bd. 152, Bad Godesberg: Inst. f. Landeskunde und Raumforsch. 1965

Rutz, W.: Der Reichswald bei Nürnberg - Probleme seiner Nutzung im Jahre 1971. Anregungen zur Behandlung stadtnaher Waldgebiete im Erd- und Gemeinschaftsunterricht. Geogr. Rdsch., 23. Jg., 1971, S. 181-191

Scharnagl, W.: Der Dreck in dem wir leben oder ein Nachruf auf unsere Umwelt. München: Ehrenwirth 1971

Schröder, B. (Hrsg.): Wasser. Suhrkamp Wissen, Frankfurt: Suhrkamp 1970

Schwalb, K., und F. Robel: Lufthygiene. Aufgaben und Erfolge in industriellen Verdichtungsgebieten. Mitt. d. Vereins Naturschutzpark e.V., 1. Vierteljahr 1971, H. 60, S. 21-29

Schüssler, Kr.-H.: Gewässerverschmutzung, ein dringendes Problem der Gegenwart. Kosmos, 56. Jg., 1960, S. 240-243

Sioli, H.: Die Biosphäre und der Mensch - Probleme der Umwelt in der heutigen Weltzivilisation. Universitas, 24. Jg., 1969, H. 10, S. 1081-1088

Steinbuch, K.: Mensch, Technik, Zukunft. Basiswissen für Probleme von morgen. Stuttgart: dva 1971

Strohm, H.: Umweltsch(m)utz. Darmstadt: Melzer 1972

Taylor, G.R.: Das Selbstmordprogramm. Zukunft oder Untergang der Menschheit. Frankfurt/Main: Fischer 1971

Thienemann, A.: Die Binnengewässer in Natur und Kultur. Eine Einführung in die theoretische und angewandte Limnologie. Verständliche Wissenschaft. Berlin/ Göttingen/Heidelberg: Springer 1955

Thienemann, A.F.: Leben und Umwelt. Vom Gesamthaushalt der Natur. rde 23. Reinbek: Rowohlt 1956

Voigt, J.: Das große Gleichgewicht. Zerstörung oder Erhaltung unserer Umwelt?, rororo tele 17. Reinbek: Rowohlt 1969

Weichard, G.: Industrielle Abfallstoffe gefährden die Nordsee. Die Umschau in Wiss. und Technik, 69. Jg., 1969, H. 19, S. 605-S. 611

Weinzierl, H.: Natur in Not. München: BLV 1966

Weinzierl, H.: Die große Wende im Naturschutz. München: BLV 1970

Weyl, R.: Mensch und Erde. Forschung '72, Frankfurt/Main: Fischer-Taschenbuch 1971, S. 74-88

Widener, D.: Kein Platz für Menschen. Der programmierte Selbstmord. Stuttgart: Goverts 1971

Wolf, H.W.: Der Rhein wälzt sich im Krankenbett. Kosmos, 67. Jg., 1971, H. 1, S. 1-10

Umweltschutz. Das Umweltprogramm der Bundesregierung. Stuttgart: Kohlhammer 1972

Zündorf, U.: Untergang in Raten? Umweltverseuchung in der Bundesrepublik. Düsseldorf: Droste 1972